Staub's Kommentar

zum

Handelsgesetzbuch.

Achte Auflage.

Bearbeitet von

Heinrich Könige, Reichsgerichtsrat in Leipzig, **Dr. Josef Stranz,** Justizrat in Berlin, **Albert Pinner,** Justizrat in Berlin.

Nachtrag, betreffend

die Börsentermingeschäfte, die handelsrechtlichen Lieferungsgeschäfte und die Differenzgeschäfte

nach dem Gesetz, betreffend Änderung des Börsengesetzes vom 8. Mai 1908 und nach dem Bürgerlichen Gesetzbuch (§§ 762, 764).

Berlin 1909.

J. Guttentag, Verlagsbuchhandlung,

G. m. b. H.

Vorwort.

Als die achte Auflage des Kommentars hinausgehen sollte, sah man sich in eine eigentümliche Lage versetzt.

Die früheren Auflagen hatten den Börsentermingeschäften ebenso wie den Differenz- und Spielgeschäften eine eingehende Darstellung gewidmet. Die 6./7. Auflage insbesondere hatte die in der Rechtsprechung des Reichsgerichts zur Herrschaft gelangten Anschauungen über den Begriff eines Börsentermingeschäfts lebhaft bekämpft, und zwar unter vielseitiger Zustimmung. Die Unhaltbarkeit der Bestimmungen des Börsengesetzes vom 22. Juni 1896 über den Börsenterminhandel stand allgemein fest. Was aber an Stelle dieser Bestimmungen von den bereits an der Arbeit befindlichen Gesetzgebungsfaktoren gesetzt werden würde, war nicht vorauszusehen; es war nicht einmal zu sagen, ob die großen Gegensätze in der wirtschaftlichen Auffassung vom Börsenterminhandel sich auf einer mittleren Linie zusammenfinden würden. Davon hing aber das Zustandekommen eines den Forderungen der Billigkeit entsprechenden Gesetzgebungswerkes ab.

Angesichts dieser Lage blieb der achten Auflage des Kommentars, wenn nicht durch einen völligen Verzicht auf die ganze Materie eine empfindliche Lücke geschaffen werden wollte, kein anderer Weg, als die Beschränkung des Abschnittes über die Börsentermin- und Differenzgeschäfte auf das Notwendige, mit der Absicht, die künftige Gesetzgebung einem Nachtrag vorzubehalten.

Die Novelle konnte nur durch den ernstlichen Willen aller Gesetzgebungsfaktoren, anerkannten Mißständen ein Ende zu bereiten, zustande gebracht werden. Nur durch gegenseitiges Nachgeben vermochte man die großen Schwierigkeiten, die sich entgegenstellten, aus dem Wege zu räumen. Dieser Kampf der Meinungen und die Kompromißnatur der Novelle spiegeln sich deutlich in allen Einzelheiten des Gesetzes wider. Um so dringlicher war die Pflicht zu einer neuen Bearbeitung des bisherigen Exkurses zu § 376. Diese neue Bearbeitung konnte nur als völlige Neuarbeit ihrem Zweck genügen. Denn die Novelle stellt völlig neue Grundsätze auf, berücksichtigt auch die Differenz- und Spielgeschäfte und hat eine ganz neue Art von Börsengeschäften, die sogenannten handelsrechtlichen Lieferungsgeschäfte ins Leben gerufen.

Bei dieser Darstellung ließ es sich zur Vermeidung von Wiederholungen und zum Zweck der Verminderung des Umfanges nicht umgehen, auf Ausführungen des bisherigen Exkurses zu § 376 Bezug zu nehmen. Eine solche Bezugnahme fand da statt, wo der alte Rechtszustand aufrechterhalten worden ist (wie z. B. bei der Auflösung eines anerkannten Kontokorrentsaldos mittels Verhältnisrechnung; bish. Exk. zu § 376 Anm. 18) und da, wo eine genaue Vergleichung des alten und neuen Rechts von Interesse schien. Die Übersicht des Ganzen und das Verständnis des Einzelnen ist durch dieses Verfahren nur erleichtert und vereinfacht.

Ohne Übertreibung darf man behaupten, daß kaum eines der modernen Gesetze dem Eindringen in seinen Geist so große Schwierigkeiten bietet, wie gerade die Börsengesetznovelle. Möge es gelungen sein, diesem Geiste gerecht zu werden.

Berlin/Leipzig, Dezember 1908.

Königе. Stranz. Pinner.

Exkurs zu § 376.

Exk. zu § 376.

Die Börsentermingeschäfte, die handelsrechtlichen Lieferungsgeschäfte und die Differenzgeschäfte.

Lit.: Apt, Börsengesetz[4] (Mitarb.: Trumpler u. Weißbart), Berlin 1908; Hemptenmacher, Börsengesetz[2], Berlin 1908; Salings Börsenpapiere[11], I. Teil: Die Börse und die Börsengeschäfte, Berlin u. Leipzig 1908; Swoboda, Die Arbitrage[12], Berlin 1905; Hamm, Das (österr.) Terminhandelsgesetz vom 4. Januar 1903, Wien 1903; Buchère, Traité des Opérations de la Bourse, Paris 1892; Guillouard, Traités des Contrats aléatoires et du Mandat, Paris 1893; Lambert, Dictionnaire pratique de Législation et de Jurisprudence sur les Opérations de bourse, Paris 1902; Schwabe and Braason, A Treatise on the Laws of the stock-exchange, London 1905; Dos Passos, A Treatise on the Law of Stock-brokers and Stock-exchanges, New-York 1905.

1. **Die Vorgeschichte.** Das Börsengesetz vom 22. Juni 1896 verfehlte seinen Zweck, unerfahrene Personen vom Börsenspiel fernzuhalten. Seine Bestimmungen wurden vielmehr vielfach zu einem gegen die Grundsätze anständigen Gebahrens verstoßenden Verhalten mißbraucht. Der erste Entwurf eines Gesetzes, betreffend die Änderung des Abschnittes IV des Börsengesetzes vom 19. Februar 1904 (Reichstagsdrucks. Nr. 244, 11. Legisl.Per. I. Session 1903/04) wurde wohl in der Reichstagskommission erledigt, aber der Kommissionsbericht vom 23. Mai 1905 (Nr. 835 der Drucks. I. Session 1903/05) kam nicht mehr zur Beratung. Der Reichskanzler legte dem Reichstag am 28. November 1906 (Reichstagsdrucks. Nr. 587 II. Session 1905/07) einen neuen Entwurf vor, der sich die Kommissionsbeschlüsse des Berichts vom 23. Mai 1905 völlig zu eigen gemacht hatte. Die Auflösung des Reichstags verhinderte es, daß der Reichstag sich mit diesem zweiten Entwurf beschäftigen konnte. Am 22. November 1907 (Nr. 483 der Reichstagsdrucks.) legte der Reichskanzler einen dritten Gesetzentwurf vor. Die erste Lesung vom 12. und 13. Dezember 1907 endigte mit der Verweisung an die XV. Kommission. Deren Bericht vom 4. April 1908 (Reichstagsdrucks. Nr. 847 12. LegislPer. I. Session 1907/08) kam am 7. April 1908 in die erste und am 8. April 1908 in die dritte Lesung des Reichstags. Die Novelle ist am 8. Mai 1908 vom Kaiser vollzogen und als Gesetz, betreffend Änderung des Börsengesetzes vom 8. Mai 1908, in dem am 18. Mai 1908 ausgegebenen Reichsgesetzblatt Nr. 24 im Wortlaut und in Nr. 27 zusammen mit dem ganzen Börsengesetz verkündigt. Die Novelle ist somit am 1. Juni 1908 in Kraft getreten. Einleitung.

2. **Die Grundzüge des Gesetzes.**

Das Börsengesetz vom 22. Juni 1896 gab in § 48 eine Begriffsbestimmung des erlaubten Börsentermingeschäfts. Erforderlich war danach ein festbestimmter Lieferungstermin, die Festsetzung der Geschäftsbedingungen durch den Börsenvorstand und drittens eine amtliche Preisfeststellung. Die Fähigkeit zum Abschluß solcher Börsentermingeschäfte war an die Voraussetzung geknüpft, daß beide Teile in das Börsenregister eingetragen waren. Diese Eintragung machte das Geschäft gültig und entzog es dem Spieleinwand. Waren nicht beide Teile eingetragen, so genügte der einfache Registereinwand an Stelle des Differenzeinwandes, um dem Geschäfte jede Wirkung zu entziehen. Die Rechtsprechung korrigierte das Gesetz. Sie nahm über den Wortlaut des Gesetzes hinausgehend an, daß es der soeben gedachten drei

Exk. zu § 376. Einleitung.

Erfordernisse zum Begriff eines Börsentermingeschäftes nicht bedürfe. Als Börsentermingeschäfte wurden alle Zeitgeschäfte in Wertpapieren und Waren behandelt, welche unter Beseitigung jeder Individualität nach typischen Bedingungen abgeschlossen zu werden pflegten. Über diese erlaubten Börsentermingeschäfte siehe das Nähere in der Einl. des bisherigen Exk. zu § 376 und die Anm. 1—39 daselbst.

Neben diesen erlaubten Börsentermingeschäften gab es noch die verbotenen Börsentermingeschäfte der §§ 50—52 des alten Börsengesetzes. Verboten waren Börsentermingeschäfte in Anteilen von Bergwerks- und Fabrikunternehmungen, in Getreide und Mühlenfabrikaten und in solchen Geschäften, die vom Bundesrat untersagt werden durften und auch untersagt waren oder von den Börsenorganen nicht zugelassen wurden. Diese verbotenen Börsentermingeschäfte waren gemäß § 134 BGB. nichtig, auch wenn sie zwischen Personen abgeschlossen worden waren, die im Börsenregister eingetragen waren. Das Nähere hierüber siehe im bisherigen Exk. zu § 376, Anm. 40—49.

Das neue Börsengesetz hat mit diesem System gebrochen. Es wird zwar auch zwischen erlaubten Börsentermingeschäften (d. h. solchen, die weder durch das Gesetz noch durch den Bundesrat verboten sind, §§ 50—60) und den (durch das Börsengesetz oder durch den Bundesrat; §§ 61—68) verbotenen Börsentermingeschäften unterschieden, aber es ist auf eine Begriffsbestimmung des Börsentermingeschäfts nach dem Vorgange des österreichischen Gesetzes vom 1. April 1875 und 4. Januar 1903, betr. die Organisierung der Börse, verzichtet. Sowohl in der Begründung wie in den Kommissionsberatungen wurde betont, daß sich bestimmte Geschäftsformen für das Börsentermingeschäft nicht vorschreiben lassen, daß selbst die Börsenenquetekommission zu einer Begriffsbestimmung nicht zu gelangen vermochte; vor allem aber wurde anerkannt, daß das Reichsgericht in seiner Rechtsprechung sowohl nach Sinn und Zweck des Börsengesetzes wie nach wirtschaftlichen Anschauungen das Wesen des Börsentermingeschäfts richtig gekennzeichnet habe, danach aber nur völlige Freiheit der Rechtsprechung den wechselnden Gestaltungen des Handels gerecht zu werden vermöge.

a) Die erlaubten Börsentermingeschäfte können nur von gewissen Personenkreisen, denen man die nötigen Kenntnisse zutrauen darf, abgeschlossen werden; die diesem Kreis angehörigen Personen besitzen die Börsentermingeschäftsfähigkeit. So gibt es vier Klassen börsentermingeschäftsfähiger Personen, nämlich die Vollkaufleute, die berufsmäßigen Börsenleute, die Börsenbesucher und die Ausländer (§ 53 BörsGes.). Börsentermingeschäfte, die solche Personen miteinander abschließen, sind voll wirksam. Ist kein Teil oder nur ein Teil börsentermingeschäftsfähig, so ist das Börsentermingeschäft unwirksam. Es gibt aber eine Heilung eines derart unwirksamen Börsentermingeschäfts; zwar nicht durch Anerkenntnis und auch nicht durch Übernahme einer Verbindlichkeit (§ 59 BörsGes.), wohl aber durch eine ganz besondere Art der Sicherheitsleistung, wenn sich Bankier und Privatkunde gegenüberstehen, und das Börsentermingeschäft ein solches in Wertpapieren war (§ 54 BörsGes.). Eine unbeschränkte Heilung findet ferner durch eine besonders geordnete Art der Erfüllungsannahme statt (§ 57 BörsGes.). Abgesehen von diesen Ausnahmen ist das Börsentermingeschäft unwirksam, jedoch erfüllbar, und zwar einmal so, daß das Geleistete nicht zurückgefordert werden kann (§ 55 BörsGes.), und dann so, daß eine einseitig erklärte Aufrechnung in gewissen Grenzen zugelassen ist (§ 56 BörsGes.).

Der Differenz- und Spieleinwand bei den erlaubten Börsentermingeschäften ist für das offizielle erlaubte Börsentermingeschäft besonders geordnet. Stehen sich beiderseits börsentermingeschäftsfähige Personen gegenüber (§ 53 BörsGes.), so ist das Geschäft vollgültig, ist das Geschäft aber auch noch ein offizielles, d. h. nach den vom Börsenvorstand aufgestellten Vorschriften abgeschlossen, so ist auch der Differenz- und Spieleinwand ausgeschlossen (§ 58 Satz 1 BörsGes.). Dasselbe gilt bezüglich des Bankiers, welcher sich von seinem Privatkunden Sicherheit nach § 54 BörsGes. stellen ließ; und ferner, wenn zwar nicht börsentermingeschäftsfähige Personen einander gegenüberstehen, aber eine Heilung durch Erfüllungsannahme nach § 57 BörsGes. stattgefunden hat (§ 58 Satz 1 BörsGes.).

Für die übrigen Fälle des offiziellen erlaubten Börsentermingeschäfts ist der Differenz- und Spieleinwand mit zwei Beschränkungen freigegeben. Fehlt es nämlich einer Partei an der Börsentermingeschäftsfähigkeit, so kann aus dem danach unwirksamen Geschäft der Gewinner trotz des Differenz- und Spieleinwandes seine Gewinnforderung doch gegen Forderungen des Gegners aus gültigen Börsentermingeschäften zur Aufrechnung stellen (§§ 56, 58 Satz 2 BörsGes.) und sich, wenn die Voraussetzungen des § 54 BörsGes. gegeben sind, an die Sicherheit halten (§§ 54, 58 Satz 2 BörsGes.). Das inoffizielle Börsentermingeschäft unterliegt dagegen durchaus dem Differenz- und Spieleinwand nach §§ 762, 764 BGB. Erl. zu § 376. Einleitung.

b) Verboten bleiben wie zuvor Börsentermingeschäfte in Getreide und Mehl (§ 65 BörsGes.); jedoch wird für das wirtschaftlich berechtigte Zeitgeschäft (für die sog. handelsrechtlichen Lieferungsgeschäfte) in § 67 BörsGes. eine Ausnahme gemacht. Diese handelsrechtlichen Lieferungsgeschäfte in Getreide und Mehl sind, wenn sie sich in den Grenzen des § 67 BörsGes. abspielen, nicht als Börsentermingeschäfte anzusehen und voll gültig. Damit dieses handelsrechtliche Lieferungsgeschäft aber nicht zum Börsenspiel mißbraucht wird, lassen die §§ 68—70 BörsGes. den Differenz- und Spieleinwand in gewissen Grenzen zu und stellt § 71 BörsGes. Strafvorschriften für den Fall auf, daß das Spielgeschäft in Getreide und Mehl einen gemeinschädlichen Charakter annimmt.

Ein bedingtes Verbot ist ferner für den Börsenterminhandel in Anteilen von Bergwerks- und Fabrikunternehmungen in § 63 Abs. 1 BörsGes. aufgestellt, indem dieser Handel nur mit Genehmigung des Bundesrats zulässig ist. Verboten sind ferner solche Börsentermingeschäfte in Waren und Wertpapieren, welche der Bundesrat verboten hat (§ 63 Abs. 2 BörsGes.). Die so verbotenen Börsentermingeschäfte begründen keine Rechtsverbindlichkeit (§ 64 BörsGes.); jedoch sind die Wirkungen dieser Rechtsunverbindlichkeit verschieden geordnet. Es gibt zwar keine wirksame Übernahme von Verpflichtungen zum Zweck der Erfüllung (§ 69 BörsGes.) noch eine wirksame Sicherheitsleistung (§§ 64, 66 BörsGes.), wohl aber sind die verbotenen Börsentermingeschäfte erfüllbar. Das Geleistete kann nämlich bei verbotenen Termingeschäften in Getreide und Mehl innerhalb zweier Jahre nach § 66 BörsGes. zurückgefordert werden, während bei den zwei anderen Arten verbotener Termingeschäfte eine Rückforderung des Geleisteten überhaupt ausgeschlossen ist (§ 64 BörsGes.). Der Spiel- und Differenzeinwand unterliegt bei den verbotenen Börsentermingeschäften keiner Beschränkung und fällt bei diesen Geschäften der Unterschied zwischen offiziellen und inoffiziellen Geschäften hinweg.

I. Die erlaubten Börsentermingeschäfte.

A. Maßgebend sind folgende Paragraphen des Börsengesetzes: Anm. 1.

§ 50. Die Zulassung von Waren oder Wertpapieren zum Börsenterminhandel erfolgt durch den Börsenvorstand nach näherer Bestimmung der Börsenordnung. Der Börsenvorstand ist befugt, die Zulassung zurückzunehmen.

Vor der Zulassung sind die Geschäftsbedingungen für den Börsenterminhandel in den zuzulassenden Waren oder Wertpapieren festzusetzen.

Der Börsenvorstand hat vor der Zulassung von Waren zum Börsenterminhandel in jedem einzelnen Falle Vertreter der beteiligten Erwerbskreise gutachtlich zu hören und das Ergebnis dem Reichskanzler mitzuteilen. Die Zulassung darf erst erfolgen, nachdem der Reichskanzler erklärt hat, daß er zu weiteren Ermittelungen keinen Anlaß finde.

Die Zulassung von Wertpapieren zum Börsenterminhandel darf nur erfolgen, wenn die Gesamtsumme der Stücke, in denen der Börsenterminhandel stattfinden soll, sich nach ihrem Nennwerte mindestens auf zwanzig Millionen Mark beläuft.

Anteile einer inländischen Erwerbsgesellschaft dürfen nur mit Zustimmung der Gesellschaft zum Börsenterminhandel zugelassen werden. Eine erfolgte Zulassung ist auf Verlangen der Gesellschaft spätestens nach Ablauf eines Jahres von dem Tage an

Erl. zu § 376. Anm. 1.

gerechnet, an welchem das Verlangen dem Börsenvorstande gegenüber erklärt worden ist, zurückzunehmen.

Der Bundesrat kann weitere Bestimmungen über die Voraussetzungen der Zulassung treffen.

§ 51. Soweit Börsentermingeschäfte in bestimmten Waren oder Wertpapieren verboten sind oder die Zulassung zum Börsenterminhandel endgültig verweigert oder zurückgenommen worden ist, ist der Börsenterminhandel von der Benutzung der Börseneinrichtungen und der Vermittelung durch die Kursmakler ausgeschlossen. Findet an einer Börse ein Börsenterminhandel nach Geschäftsbedingungen statt, die von den festgesetzten Geschäftsbedingungen (§ 50 Abs. 2) abweichen, oder findet ein Börsenterminhandel in solchen Waren oder Wertpapieren statt, die zum Börsenterminhandel nicht zugelassen sind, so ist er durch Anordnung des Börsenvorstandes von der Benutzung der Börseneinrichtungen und der Vermittelung durch die Kursmakler auszuschließen. Der Börsenvorstand kann den Erlaß der Anordnung aussetzen, wenn Verhandlungen wegen Zulassung der Waren oder Wertpapiere zum Börsenterminhandel schweben. Die Aussetzung darf höchstens auf ein Jahr erfolgen.

Soweit der Börsenterminhandel auf Grund des Abs. 1 von der Benutzung der Börseneinrichtungen und der Vermittelung durch die Kursmakler ausgeschlossen ist, dürfen für Börsentermingeschäfte, sofern sie im Inland abgeschlossen sind, Preislisten (Kurszettel) nicht veröffentlicht oder in mechanisch hergestellter Vervielfältigung verbreitet werden.

§ 52. Ein Börsentermingeschäft, das nicht gegen ein durch dieses Gesetz oder den Bundesrat erlassenes Verbot verstößt, ist nur nach Maßgabe der §§ 53 bis 56 wirksam.

§ 53. Das Geschäft ist verbindlich, wenn auf beiden Seiten als Vertragschließende Kaufleute, die in das Handelsregister eingetragen sind oder deren Eintragung nach § 36 des Handelsgesetzbuchs nicht erforderlich ist, oder eingetragene Genossenschaften beteiligt sind. Personen, deren Gewerbebetrieb über den Umfang des Kleingewerbes nicht hinausgeht, gehören, auch wenn sie in das Handelsregister eingetragen sind, nicht zu den Kaufleuten im Sinne dieser Vorschrift.

Den im Abs. 1 bezeichneten Kaufleuten stehen gleich:

1. Personen, die zur Zeit des Geschäftsabschlusses oder früher berufsmäßig Börsentermingeschäfte oder Bankiergeschäfte betrieben haben oder zum Besuch einer dem Handel mit Waren der bei dem Geschäft in Frage kommenden Art oder einer dem Handel mit Wertpapieren dienenden Börse mit der Befugnis zur Teilnahme am Börsenhandel dauernd zugelassen waren;
2. Personen, die im Inlande zur Zeit des Geschäftsabschlusses weder einen Wohnsitz noch eine gewerbliche Niederlassung haben.

§ 54. Betrifft das Geschäft Wertpapiere und gehört der eine Teil nicht zu den Personen, die nach § 53 Börsentermingeschäfte abschließen können, ist aber der andere Teil ein Kaufmann oder eine Genossenschaft der im § 53 Abs. 1 bezeichneten Art und hat sich dieser Teil für die Erfüllung des Geschäfts eine Sicherheit bestellen lassen, so ist er befugt, aus der Sicherheit Befriedigung zu suchen; auch ist das Geschäft für ihn verbindlich.

Die Sicherheitsleistung hat die im Abs. 1 bezeichneten Wirkungen nur, wenn die Sicherheit aus Geld oder aus Wertpapieren, die einen Kurswert haben, besteht und der Besteller dem anderen Teile gegenüber schriftlich und ausdrücklich erklärt, daß die Sicherheit zur Deckung von Verlusten aus Börsentermingeschäften dienen soll.

Das Schriftstück, in dem die Erklärung abgegeben wird, darf andere Erklärungen des Bestellers der Sicherheit nicht enthalten.

Besteht die Sicherheit aus Wertpapieren, so müssen sie in der Erklärung nach Gattung und nach Zahl oder Nennwert bezeichnet sein.

Eine Erklärung, die diesen Vorschriften nicht entspricht, ist nichtig. Erl. zu

Zur Wahrung der schriftlichen Form genügt die telegraphische Übermittelung. § 376.
Wird diese Form gewählt, so kann nachträglich die Abgabe einer schriftlichen Erklärung Anm. 1.
verlangt werden.

Eine Erklärung, durch die eine Änderung der bestellten Sicherheit bewirkt wird, ist insoweit nicht stempelpflichtig, als der bisherige Gesamtnennwert der Sicherheit nicht überschritten wird.

§ 55. Das auf Grund des Geschäfts Geleistete kann nicht deshalb zurückgefordert werden, weil für den Leistenden nach den §§ 52 bis 54 eine Verbindlichkeit nicht bestanden hat.

§ 56. Gegen Forderungen aus Börsentermingeschäften ist eine Aufrechnung auf Grund anderer Börsentermingeschäfte auch dann zulässig, wenn diese Geschäfte nach den §§ 52 bis 54 für den Aufrechnenden eine Forderung nicht begründen.

§ 57. Ein nicht verbotenes Börsentermingeschäft gilt als von Anfang an verbindlich, wenn der eine Teil bei oder nach dem Eintritte der Fälligkeit sich dem anderen Teile gegenüber mit der Bewirkung der vereinbarten Leistung einverstanden erklärt und der andere Teil diese Leistung an ihn bewirkt hat.

§ 58. Gegen Ansprüche aus Börsentermingeschäften in Waren oder Wertpapieren, die zum Börsenterminhandel zugelassen sind (§ 50), kann von demjenigen, für welchen das Geschäft nach den Vorschriften der §§ 53, 54, 57 verbindlich ist, ein Einwand aus den §§ 762 und 764 des Bürgerlichen Gesetzbuchs nicht erhoben werden. Soweit gegen die bezeichneten Ansprüche ein solcher Einwand zulässig bleibt, finden die Vorschriften der §§ 54 und 56 über die Befriedigung aus der Sicherheit und die Zulässigkeit der Aufrechnung entsprechende Anwendung.

§ 59. Die Vorschriften der §§ 52 bis 58 gelten auch für eine Vereinbarung, durch die der eine Teil zum Zwecke der Erfüllung einer Schuld aus einem nicht verbotenen Börsentermingeschäfte dem anderen Teile gegenüber eine Verbindlichkeit eingeht, insbesondere für ein Schuldanerkenntnis.

§ 60. Die Vorschriften der §§ 52 bis 59 finden auch Anwendung auf die Erteilung und Übernahme von Aufträgen, sowie auf die Vereinigung zum Zwecke des Abschlusses von nicht verbotenen Börsentermingeschäften.

§ 61. Die Vorschriften der §§ 52 bis 60 finden auch Anwendung, wenn das Geschäft im Auslande geschlossen oder zu erfüllen ist.

§ 62. Bei einem Börsentermingeschäft in Waren kommt der Verkäufer, der nach erfolgter Kündigung eine nicht vertragsmäßige Ware liefert, in Verzug, auch wenn die Lieferungsfrist noch nicht abgelaufen ist.

Eine entgegenstehende Vereinbarung ist nichtig.

B. **Die Grundgedanken dieser Vorschriften gehen dahin:** Anm. 2.

1. **Um erlaubte Börsentermingeschäfte muß es sich handeln.** Das heißt, es darf kein handelsrechtliches Lieferungsgeschäft vorliegen (unten Anm. 115), und es muß sich um ein Börsentermingeschäft im Sinne der bisherigen Rechtsprechung handeln, da das Gesetz keine Begriffsbestimmung eines Börsentermingeschäfts gibt (hierüber unten Anm. 5). Diese Börsentermingeschäfte müssen erlaubt sein. Das heißt, die Geschäfte dürfen weder durch das Gesetz noch durch den Bundesrat verboten sein (§ 52 BörsGes.). Durch das Gesetz sind Börsentermingeschäfte in Getreide und Erzeugnissen der Getreidemüllerei unbedingt durch § 65 BörsGes., Börsentermingeschäfte in Anteilen inländischer Bergwerks- und Fabrikunternehmungen aber durch § 63 Abs. 1 BörsGes. insoweit verboten, als sie nicht vom Bundesrat zum Terminhandel zugelassen sind. Die übrigen Börsentermingeschäfte sind zwar erlaubt, aber der Bundesrat kann den Terminhandel in bestimmten Waren und Wertpapieren unbedingt oder bedingt verbieten (§ 63 Abs. 2 BörsGes.). *Alles was hiernach nicht verboten ist, ist erlaubt.* Die erlaubten Börsentermingeschäfte zerfallen in zwei Klassen.

Erk. zu § 376. Anm. 3. 2. Die offiziellen und die inoffiziellen Geschäfte sind die zwei Klassen der erlaubten Börsentermingeschäfte (des legitimen Börsenterminhandels). Die erlaubten Börsentermingeschäfte in Waren und Wertpapieren und in Anteilen inländischer Erwerbsgesellschaften (= Aktien) bedürfen der Zulassung durch den Börsenvorstand zum Börsenterminhandel und zur Benutzung der Börseneinrichtungen. Vor dieser Zulassung müssen die Geschäftsbedingungen für die zuzulassenden Waren und Wertpapiere vom Börsenvorstand festgesetzt werden. Die dementsprechend sich abwickelnden Termingeschäfte sind die offiziellen Börsentermingeschäfte des § 50 BörsGes. (unten Anm. 8 u. 27ff.). Inoffizielle (= freie) Börsentermingeschäfte sind solche, die weder vom Gesetz noch vom Bundesrat verboten sind, aber den für die offiziellen Termingeschäfte gegebenen Vorschriften nicht genügen (§ 51 BörsGes.; unten Anm. 8, 26ff.). Je nachdem nun ein erlaubtes offizielles oder ein erlaubtes inoffizielles (freies) Börsentermingeschäft vorliegt, sind die Wirkungen verschieden, wenn der Differenz- oder Spieleinwand erhoben wird.

Anm. 4. 3. Die Börsentermingeschäftsfähigkeit muß vorhanden sein. Sie bildet den Ersatz für diejenige Geschäftsfähigkeit, welche nach dem alten Börsengesetz die Eintragung zum Börsenregister mit der Wirkung verschaffte, daß der Einwand, es liege ein Börsentermingeschäft vor, nicht vorgebracht werden konnte (bish. Erk. zu § 376 Anm. 12ff. u. 32ff.). Die Börsentermingeschäftsfähigkeit besitzen vier Gruppen von Personen: eingetragene Vollkaufleute (§ 53 Abs. 1 BörsGes.; unten Anm. 17; sie sind zugleich vollterminsgeschäftsfähig in einem unten Anm. 33 erörterten Sinne), berufsmäßige Börsenmänner sog. Börsenleute (§ 53 Abs. 2 Nr. 1 BörsGes.; unten Anm. 19); Börsenbesucher (§ 53 Abs. 2 Nr. 1 BörsGes.; unten Anm. 22) und Ausländer (§ 53 Abs. 2 Nr. 2 BörsGes.; unten Anm. 23). Diese Börsentermingeschäftsfähigkeit entzieht die Einrede, daß ein Börsentermingeschäft (d. h. ein wegen dieser seiner Eigenschaft unverbindliches Geschäft) vorliege; jedoch in drei verschiedenen Abstufungen, je nachdem jeder der beiden Vertragschließenden, oder nur der eine Teil oder kein Teil die Börsentermingeschäftsfähigkeit besitzt.

Anm. 5. C. **Vorausgesetzt ist also das Vorliegen von Börsentermingeschäften.** Darunter verstand § 48 des alten Börsengesetzes Kauf- und sonstige Anschaffungsgeschäfte über Waren und Wertpapiere auf eine festbestimmte Lieferungszeit oder mit einer festbestimmten Lieferungsfrist, wenn sie nach Geschäftsbedingungen geschlossen werden, die von dem Börsenvorstande für den Terminhandel festgesetzt sind, und wenn für die an der betreffenden Börse geschlossenen Geschäfte solcher Art eine amtliche Feststellung von Terminpreisen erfolgte. Die Rechtsprechung hat sich jedoch, um alle Umgehungsgeschäfte zu treffen, nicht an diese Begriffsbestimmung gehalten, sondern sich auf den Standpunkt gestellt, zum Begriff des Börsentermingeschäfts gehöre weder der Abschluß auf eine festbestimmte Lieferungszeit oder auf eine festbestimmte Lieferungsfrist, noch bedürfe es vom Börsenvorstand für den Terminhandel festgesetzter Geschäftsbedingungen, noch sei eine amtliche Feststellung von Terminpreisen erforderlich. Es brauche das Geschäft auch nicht an der Börse oder zur Börsenzeit geschlossen zu sein. Hierüber siehe Ausführliches bish. Erk. zu § 376 Einl. u. Anm. 3—9 u. 32. Das neue Börsengesetz verzichtet auf jede Begriffsbestimmung des Börsentermingeschäfts, weil alle Formen des Zeitgeschäfts und selbst des Kassageschäfts den Charakter des Börsentermingeschäfts annehmen können. In der Begründung zum Entwurf vom 22. November 1907 S. 10 wurde darauf hingewiesen, daß es der Rechtsprechung bisher gelungen ist, das Wesen des Börsentermingeschäfts zutreffend zu erfassen. Dieser Ansicht hat sich die Mehrheit der Reichstagskommission angeschlossen. Der Gesetzgeber billigte danach ausdrücklich die bisherige Umschreibung des Begriffs der Börsentermingeschäfte seitens des Reichsgerichts. Somit verbleibt es in dieser Beziehung bei der seitherigen Rechtsprechung, wie diese im bish. Erk. zu § 376 Anm. 4—9 dargestellt ist. Danach sind als gesetzliche Merkmale zur Annahme eines Börsentermingeschäfts zu fordern: einmal, daß der Abschluß nach typischen, schablonenhaften, der Individualität des Einzelgeschäfts entbehrenden Bedingungen (RG. 44, 113) zu einem festen Termin ohne Rücksicht auf besondere persönliche Bedürfnisse, also gleichfalls zeitlich typisch (RG. 47, 112) und ferner zu einem Preise erfolgt, der sich an der Börse infolge des Zusammenwirkens und

Zusammentreffens der Börsenbesucher gebildet hat, wenn auch keine Preisnotierung stattgefunden haben sollte (RG. 47, 112). Die Eigentümlichkeit des Börsentermingeschäfts besteht in seiner Beziehung zu einem Terminmarkt, auf dem jederzeit ein völlig gleiches Geschäft als Gegengeschäft oder Erfüllungsgeschäft abgeschlossen werden kann, und auf dem sich für solche Geschäfte Preise und Usancen bilden, die die gleichzeitige Abwicklung großer Mengen von Geschäften durch Überweisung und Verrechnung (Liquidation, Skontration) ermöglichen und bezwecken. So kennzeichnet § 11 Abs. 2 des österreichischen Gesetzes vom 4. Januar 1903 (RGBl. Nr. 10) die Börsentermingeschäfte durch ihren wirtschaftlichen Zweck, der dahingeht, den einzelnen Geschäften in seinen wesentlichen Merkmalen den gleichen Inhalt zu geben, die Übertragung zu erleichtern und die Abwicklung dieser Geschäfte in erheblichem Umfange durch Abrechnung und Differenzausgleich zu ermöglichen. **Also der Differenzausgleich im Gegensatz zum eigentlichen Warenverkehr ist der Endzweck des Börsentermingeschäfts.** Daß der Abschluß an der Börse erfolge, oder daß dem Abschluß ein Börsenpreis zugrunde zu legen wäre, ist nicht zu fordern (vgl. RG. 47, 112). Die Preisvereinbarungen wie auch die Geschäftsbedingungen können wesentlich von den Preisen und Bedingungen der Börse abweichen. Selbst die Beseitigung eines festen Stichtages benimmt dem Geschäft seinen Charakter als Börsentermingeschäft nicht, sobald die Schablonenhaftigkeit feststeht, welche die jederzeitige Deckung durch Gegengeschäft und die Umgehung der Effektiverfüllung ermöglicht. Doch scheiden die sogenannten handelsrechtlichen Lieferungsgeschäfte in Getreide und Mehl hier aus; sie sind durch § 67 BörsGes. ausdrücklich ausgenommen (hierüber unten Anm. 115ff.). Prämiengeschäfte (Erl. zu § 348 Anm. 7 u. unten Anm. 48), Kassageschäfte (unten Anm. 10) und Prolongationsgeschäfte (unten Anm. 10 u. 47) können Börsentermingeschäfte sein. **Erl. zu § 376. Anm. 5.**

Ob das Börsentermingeschäft auch noch ein Differenz- oder ein Spielgeschäft war, ob also eine dauernde Kapitalanlage bezweckt war, oder ob nur um die Differenz, also um den Kursgewinn, gespielt werden sollte, ist für den Begriff des Börsentermingeschäfts einerlei. Liegt ein gültiges Börsentermingeschäft vor, so erkennt das Börsengesetz schon dieser von ihm für gültige Börsentermingeschäfte vorgeschriebenen Handelsform volle Rechtswirksamkeit zu. Gegenüber dieser Form greift kein Spiel- oder Differenzeinwand durch, wenn das Geschäft auch noch ein offizielles war (oben Anm. 3, unten Anm. 8 u. 26ff. sowie § 58 Satz 1 BörsGes.). Gültig ist das Börsentermingeschäft, wenn beide Teile börsentermingeschäftsfähig sind (§ 53 BörsGes.). Gültig ist es für den Bankier, der sich von seinem Privatkunden Sicherheit bestellen läßt (§ 54 BörsGes.). Gültig wird es, wenn diese beiden Fälle der §§ 53, 54 BörsGes. nicht zutreffen, durch die heilende Erfüllungsannahme (§ 57 BörsGes.). In diesen drei Fällen versagt der Differenz- und Spieleinwand, wenn das Geschäft ein offizielles war (§ 58 Satz 1 BörsGes.). Ist das Geschäft zwar ein offizielles Börsentermingeschäft, fehlt es aber an einer der Voraussetzungen zur Gültigkeit von Börsentermingeschäften als solchen nach §§ 53, 54, 57 BörsGes., ist also das Börsentermingeschäft als solches nicht verbindlich, so kommt es auf die Prüfung des Inhalts des Geschäfts d. h. darauf an, ob dasselbe als ein Differenz- oder Spielgeschäft anzusprechen ist. Ist das Geschäft ein Differenz- oder Spielgeschäft, so kann das auf Grund des Geschäfts Geleistete nicht zurückgefordert werden (§ 762 BGB. gilt hier, nicht § 55 BörsGes.). Ferner kann der Schuldner sich nicht dagegen widersetzen, daß der Gläubiger eine ihm bestellte Sicherheit in Anspruch nimmt oder mit Forderungen aus anderen Börsentermingeschäften aufrechnet. Das ist der Schutz, den § 58 Satz 2 BörsGes., dem als Börsentermingeschäft nicht aufrechtzuerhaltenden und als Spielgeschäft unwirksamen offiziellen Börsentermingeschäft zuteil werden läßt. Diesen Schutz versagt das Börsengesetz dem inoffiziellen (freien) Börsenterminhandel durchaus. Gegen das inoffizielle Börsentermingeschäft ist der Differenz- und Spieleinwand selbst dann noch zugelassen, wenn dieses Geschäft allen Voraussetzungen genügt, welche einem Börsentermingeschäft als solchem nach §§ 53, 54, 57 BörsGes. Rechtswirksamkeit verleihen. Es kommen hier also die §§ 762, 764 BGB. uneingeschränkt zur Anwendung; Sicherheiten müssen zurück- **Anm. 6.**

Exk. zu § 376. gegeben werden, eine Aufrechnung findet nicht statt; nur das auf Grund des Geschäfts Geleistete kann nicht zurückgefordert werden (§ 762 Abs. 1 Satz 2 BGB.). Über alle diese
Anm. 6. Fragen siehe Näheres unter Anm. 28f.

Anm. 7. 1. **Die drei Erfordernisse der nach § 52 BörsGes. erlaubten Börsentermingeschäfte sind:**

a) Es müssen Kauf- oder sonstige Anschaffungsgeschäfte in Waren oder Wertpapieren (oder in Anteilen = Aktien inländischer Erwerbsgesellschaften) sein, die regelmäßig auf eine fest bestimmte Lieferungszeit oder mit einer fest bestimmten Lieferungsfrist abgeschlossen sind.

Zunächst muß hiernach ein Kauf- oder Anschaffungsgeschäft in Waren oder Wertpapieren vorliegen. Es muß das Geschäft also ein Kauf- oder Anschaffungsgeschäft nach § 1 Anm. 33ff. sein. Sodann muß das Geschäft aber auch ein Geschäft in Waren oder Wertpapieren sein im Sinne der § 1 Anm. 38—41, § 381 Anm. 1—13. Jedoch sind nicht alle Arten von Waren und Wertpapieren zum Börsenterminhandel geeignet, sondern nur die weder durch Gesetz noch durch den Bundesrat verbotenen (oben Anm. 2). Das Geschäft kann auch ein Geschäft in Anteilen (= Aktien) einer inländischen Erwerbsgesellschaft sein, die aber weder eine Fabrikunternehmung noch eine Bergwerksunternehmung sein darf, wenn nicht die Genehmigung des Bundesrats erteilt ist (§ 63 BörsGes.). Der Kuxenhandel (hierüber bish. Exk. zu § 376 Anm. 4) ist ein Handel mit Bergwerksanteilen, kann aber die Genehmigung des Bundesrates nicht erhalten (hierüber Näheres in der folgenden Anm.).

Anm. 8. Sodann ist auch noch die Zulassung der Waren und Wertpapiere zum Börsenterminhandel durch den Börsenvorstand nötig. Das Börsengesetz kennt eine Zulassung zum Börsenhandel, die durch die Zulassungsstelle nach §§ 36ff. BörsGes. auszusprechen ist und nur die Einführung von Wertpapieren an der Börse zum Gegenstand hat, sowie eine davon gänzlich verschiedene Zulassung zum Börsenterminhandel, die vom Börsenvorstand nach Maßgabe der Börsenordnung (§§ 4, 5 BörsGes.) ausdrücklich auszusprechen ist und diejenigen Waren und Wertpapiere betrifft, in denen der Börsenterminhandel erlaubt ist (§ 50 BörsGes.; oben Anm. 2). Die Zulassung zum Börsenhandel und die Zulassung zum Börsenterminhandel sind also ganz verschiedene Dinge. Der Zulassung zum Börsenterminhandel hat eine Prüfung auf das Bedürfnis und die Zweckmäßigkeit des beantragten Börsenterminhandels vorauszugehen. Die Zulassung von Wertpapieren zum Terminhandel ist in § 50 Abs. 4 BörsGes. von einem Nennwert der Gesamtsumme abhängig gemacht. Die RegBegr. schließt daraus, daß Kuxe zum Börsenterminhandel nicht zuzulassen seien, weil sie keinen Nennwert haben. Nun sind Kuxe aber Anteile von Bergwerksunternehmungen (bish. Exk. zu § 376 Anm. 4; RG. 47, 104; 52, 179), die nach § 63 Abs. 1 BörsGes. zum Börsenterminhandel zugelassen werden können. Da aber durch § 50 Abs. 4 BörsGes. die Zulassung folgeweise ausgeschlossen ist, so kann der Bundesrat nicht eine Zulassung aussprechen, welche der Börsenvorstand seinerseits nicht erteilen darf. Die Zulassung zum Terminhandel erfordert also einen Beschluß des Börsenvorstandes. Vor dieser Zulassung sind die Geschäftsbedingungen festzustellen, unter denen sich der Terminhandel in den zugelassenen Waren und Wertpapieren abzuwickeln hat (§ 50 Abs. 2 BörsGes.). Zum Terminhandel in Anteilen von Erwerbsgesellschaften ist dem Börsenvorstand auch die Genehmigung der gesetzlichen Vertreter der Gesellschaft nachzuweisen (§ 50 Abs. 5 BörsGes.). Der Börsenterminhandel, der sich in diesen Grenzen hält, stellt den offiziellen Börsenterminhandel dar (oben Anm. 3). Der Börsenterminhandel, der ohne einen solchen Zulassungsbeschluß, in Abweichung von dem Zulassungsbeschluß oder den Zulassungsbedingungen oder trotz Zurückziehung des Zulassungsbeschlusses stattfindet, hat inoffiziellen Charakter. Solch' inoffiziellen Charakter haben alle an ausländischen Börsen geschlossene Termingeschäfte, weil diese den Bedingungen nicht entsprechen können, welche § 50 BörsGes. für das offizielle Börsentermingeschäft aufstellt (vgl. unten Anm. 27ff., 81c und 178). Die betreffenden Börsentermingeschäfte sind inoffizielle (freie) Börsentermingeschäfte (§ 51 BörsGes.). Der Börsenvorstand darf den inoffiziellen Börsenterminhandel unter besonderen Umständen ein Jahr lang dulden. Nach der RegBegr. zu Art. III am Ende und nach dem KB. S. 20 soll sich der inoffizielle Börsenterminhandel vom inoffiziellen materiellrechtlich nicht unterscheiden; der inoffizielle Börsenterminhandel soll nur als ein Verstoß gegen Börsenordnungsvorschriften gelten. Allein der Unterschied zwischen dem offiziellen und dem nichtoffiziellen Börsentermingeschäft ist ein tiefgreifender, wie dies oben Anm. 3, 6 und 8 bereits hervorgehoben ist und des näheren unten Anm. 27 ff., 78 ff., 84 dargelegt werden wird. Von der Zulassung durch den Börsenvorstand ist die Zulassung durch den Bundesrat zu unterscheiden. Ein Handel, der gegen Vorschriften des Bundesrats verstößt oder ohne dessen erforderliche Zulassung vor sich geht, ist verboten (hierüber unten Anm. 92). Erl. zu § 376. Anm. 8.

Es muß regelmäßig ein Geschäft mit festbestimmter Lieferungszeit oder mit festbestimmten Lieferungsterminen, also ein Zeitgeschäft, und zwar ein Fixgeschäft sein (über diese Begriffe s. § 376). Das letztere Erfordernis ist nach den oben Anm. 5 aufgestellten Grundsätzen überflüssig, wenn nur sonst erhellt, daß das Geschäft durch Schablonenhaftigkeit und Deckungsmöglichkeit zum Börsenspiel geeignet ist. In diesem Falle liegt ein Börsentermingeschäft auch dann vor, wenn keine den Umständen, d. h. der Individualität des Geschäfts, angepaßte sondern eine von vornherein für solche schablonenhafte Geschäfte berechnete, festbestimmte Nachfrist vereinbart wird. Das Geschäft bleibt ein Börsentermingeschäft ungeachtet der Nachfrist. Die Nachfrist hat hier den Charakter einer fixen Prolongation (vgl. RG. 44, 103). Der Börsenterminhandel hatte unter der Herrschaft des alten Börsengesetzes auf diesem Wege versucht, aus dem Ultimogeschäft ein handelsrechtliches Lieferungsgeschäft zu machen. Jetzt ist diesem Lieferungsgeschäft in bestimmten Formen eine gesetzliche Grundlage für den Handel in Getreide und Mehl gegeben (hierüber unten Anm. 115). Hier handelt es sich aber um andere Waren und um Wertpapiere. Auch dadurch ändert sich nichts am Charakter eines Börsentermingeschäfts, daß dem Käufer das Recht eingeräumt wird, vor dem festen Lieferungstermin täglich nach seiner Wahl abzunehmen und Lieferung zu verlangen (RG. 47, 112 u. RG. bei Holdheim 03, 151). Übrigens enthalten die auf Grund der Novelle erlassenen Börsenordnungen genaue Bestimmungen über die Lieferzeiten (Stichtage) und die Abwickelung (Liquidation) von Börsentermingeschäften, so daß die obigen Ausführungen wesentlich nur noch für den inoffiziellen Börsenterminhandel von Bedeutung sein werden. Anm. 9.

Die Kassageschäfte (oder Promptgeschäfte) der Fonds- wie der Produktenbörse verlangen begrifflich, daß gegen sofortige Barzahlung gekauft oder mit dem Geding sofortiger Lieferung gegen bar verkauft wird. In dem Wesen des Geschäfts liegt also sofortige effektive Erfüllung Zug um Zug. Das Kassageschäft eignet sich daher seinem Wesen nach nicht zur Spekulation im Sinne der Abwickelung durch ein Gegengeschäft, wenn es auch kurz befristete Kassageschäfte im Falle besonderer Vereinbarung mit besonderen genau bestimmten Fälligkeitsdaten gibt (Salings Börsenpap.[11] I 355: Kassageschäfte „per morgen", „per einige Tage", „per Erscheinen"). Zum Zweck der Umgehung des alten Börsengesetzes hatten sich aber Kassageschäfte mit der Nebenabrede entwickelt, daß die Erfüllung bis Ultimo, d. h. bis Monatsende, hinausgeschoben werden soll (sog. Kassalieferungsgeschäfte, Kassakontokurrentgeschäfte, Kontohandel). Solche Kassageschäfte haben den Charakter von Börsentermingeschäften, sobald anzunehmen ist, daß unter Zugrundelegung von Börsennotierungen abgeschlossen ist, die Lieferung auch zu genau bestimmter Zeit zu erfolgen hat. Sie fallen samt Prolongation und Abwickelung unter den Begriff des Börsentermingeschäfts selbst dann, wenn in den Schlußnoten die allgemeinen Usancen des Effekten- oder Produktenhandels ausgeschlossen worden sein sollten (vgl. RG. 58, 367 und 44, 115). Ein solches Kassageschäft mit hinausgeschobener Erfüllung ist daher auch nur ein einziges einheitliches abgabepflichtiges Geschäft im Sinne des § 8 Abs. 2 RStempGes. (RG. 45, 65). Ein dem gewöhnlichen Begriff des Kassageschäfts entsprechendes und daher durchaus gültiges Geschäft kann auch nachträglich zum Börsentermingeschäft werden. Dies ist der Fall, wenn das Kassageschäft nicht sofort abgewickelt, sondern wenn dessen Abwickelung von Ultimo zu Ultimo in der Form verschoben wird, daß die einzelnen Prolongationen als ebensoviele Zeitkäufe anzusehen sind. Die einzelnen Prolon- Anm. 10.

Erl. zu § 376. gationen haben dann selbständige rechtliche Bedeutung als Börsentermingeschäfte (vgl. RG. 44, 54; 66, 95 und unten Anm. 91).

Anm. 11. b) **Sie müssen regelmäßig nach Geschäftsbedingungen geschlossen sein, die vom Börsenvorstand für den Terminhandel festgesetzt sind.** Geschäfte, die nach diesen Bedingungen abgeschlossen werden, gehören zum offiziellen Börsenterminhandel und sind bevorzugt (oben Anm. 2, 6, 8 u. unten Anm. 79). Es müssen aber nicht alle Börsentermingeschäfte nach diesen Bedingungen abgeschlossen werden; sie können von diesen Bedingungen abweichen und gehören dann zum inoffiziellen Börsenterminhandel. Als Börsentermingeschäfte unterscheiden sie sich nicht in ihrer Gültigkeit von den offiziellen Geschäften, wenn sie den zum Abschluß gültiger Termingeschäfte vorgeschriebenen Bestimmungen der §§ 53, 54 u. 57 BörsGes. genügen. Genügen sie diesen Vorschriften aber nicht, so zeigt sich erst der bedeutsame Unterschied (oben Anm. 2, 6, 8 und unten Anm. 28, 79ff., 84ff.).

Anm. 12. c) **Es muß regelmäßig eine amtliche Feststellung von Terminpreisen für die an der betreffenden Börse geschlossenen Geschäfte dieser Art erfolgen.** Diese amtliche Feststellung geschieht auf Grund der Börsenordnung und der Zulassungsbedingungen für die betreffenden Waren und Wertpapiere. Der sich gemäß diesen Bedingungen abwickelnde Börsenterminhandel ist der offizielle Börsenterminhandel, der bevorzugt ist, sobald das Geschäft wegen Fehlens der Voraussetzungen der §§ 53, 54, 57 BörsGes. nicht als gültiges Börsentermingeschäft bestehen kann und der Differenz- oder Spieleinwand erhoben wird (oben Anm. 2, 6, 8 und unten Anm. 27, 79ff., 84). Die in Abweichung von dieser amtlichen Preisfestsetzung abgeschlossenen Geschäfte bilden den inoffiziellen Börsenterminhandel; sie stehen hinter den offiziellen Börsentermingeschäften zurück, sobald der Differenz- oder Spieleinwand aufgeworfen werden kann (oben Anm. 2, 6, 8 u. unten Anm. 28, 82, 84). Eine genaue Übereinstimmung mit den amtlich festgesetzten Börsenterminpreisen braucht selbst das offizielle Börsentermingeschäft nicht aufzuweisen; eine vollkommene Übereinstimmung läßt sich mitunter gar nicht herstellen (JW. 02, 638[22]). Eine ausdrückliche Preisfestsetzung ist nicht Erfordernis (RG. 42, 44). Es kann, wie dies beim inoffiziellen Geschäft häufig zutreffen wird, eine Notierung des Börsenpreises überhaupt fehlen (RG. 47, 112; RG. bei Holdheim 02, 87). Es reicht hin, wenn der gemeine Preis zugrunde gelegt worden ist, zu dem die betreffende Ware oder das betreffende Papier damals an der in Frage kommenden Börse gehandelt worden ist (RG. 47, 113). Selbst wenn sich an der Börse infolge des Zusammenwirkens und Zusammentreffens von Börsenbesuchern ein Preis gebildet hat (RG. 52, 180), oder wenn der Börsenpreis für Kassageschäfte oder der Preis einer andern Börse als der, an welcher der Abschluß erfolgte, dem Geschäft als Anhalt gedient hat, reicht dies zur Annahme eines Börsentermingeschäfts hin (RG. 47, 114; 52, 180; 58, 367). Mit anderen Worten: es sollen alle Umgehungsgeschäfte, die sich ohne Mitwirkung der Börsenorgane vollziehen (und das ist der inoffizielle Börsenterminhandel) getroffen werden. Für den inoffiziellen Börsenterminhandel dürfen Preislisten (Kurszettel) nicht veröffentlicht werden (§ 51 BörsGes.); ein wissentlicher Verstoß führt zur Bestrafung (§ 90 BörsGes.).

Anm. 13. Kein Börsentermingeschäft liegt vor (auch kein inoffizielles), wenn sich die Preisbildung gänzlich außerhalb der Börse und ohne jeden Zusammenhang mit einer solchen gebildet hat (RG. 52, 181). Dies ist der Fall, wenn die Preise des abgeschlossenen Zeitgeschäfts sich weder an feste Kurse des offiziellen Börsentermingeschäfts noch an Kurse für Kassageschäfte anlehnen konnten, so daß diese Kurse bei der Preisbestimmung nicht mitgewirkt haben können (RG. 52, 181; JW. 06, 147[25]). Denn dann ist überhaupt nicht nach Börsenpreisen gehandelt, und ist das Geschäft, wenn es auch ein Termingeschäft sein mag, doch kein börsenmäßiges. Letzteres Kriterium ist aber ein wesentliches.

Anm. 14. 2. **Das Geschäft braucht nicht an der Börse oder zur Börsenzeit geschlossen zu sein** (RG. 47, 112; JW. 02, 638[22]). Es kann auch im Inland zu den Geschäftsbedingungen einer ausländischen Börse (RG. 44, 52; JW. 03 Beil. 100[225]) oder im Ausland nach den Geschäftsbedingungen der ausländischen Börse geschlossen und nur im Inland zu erfüllen sein (§ 61 BörsGes., früher § 68 Abs. 1; RG. 43, 91; JW. 02, 638[22]; 03 Beil. 100[225]). Die letzteren Geschäfte sind inoffizielle Börsentermingeschäfte; denn offizielle Börsentermingeschäfte setzen die Zulassung an einer deutschen Börse und die Einhaltung der dort für die Zulassung vorgeschriebenen Geschäftsbedingungen voraus. Und es kommt auch hier der Grundsatz zur Geltung, daß alle Umgehungsgeschäfte vom Gesetz erreicht werden sollen. Näheres über diese Auslandsgeschäfte unten Anm. 72f., 83, 92 und die Besonderheit des § 53 Abs. 2 Nr. 2 BörsGes. für die Ausländer s. unten Anm. 23. Erl. zu § 376. Anm. 14.

3. In gleicher Weise wie die Börsentermingeschäfte selbst werden die Aufträge und Vereinigungen zum Abschluß von Börsentermingeschäften behandelt (§ 60 BörsGes.). Näheres hierüber unten Anm. 68—70. Anm. 15.

4. Dagegen ist ein Darlehen zum Zweck des Abschlusses von Börsentermingeschäften nicht immer ungültig (s. unten Anm. 182 und dort auch über Scheindarlehen), obgleich die Ungültigkeit eines Börsentermingeschäfts nicht nur das Termingeschäft selbst, sondern alle sich daran anschließende Vereinbarungen der Kontrahenten trifft und der Terminschuldner also nicht nur die Erfüllung der Hauptverbindlichkeit sondern auch die Erfüllung aller Nebenabreden verweigern darf. Anm. 16.

D. **Beim Vorliegen dieser Voraussetzungen kommt es auf die Börsentermingeschäftsfähigkeit an.** Von deren Vorhandensein zur Zeit des Abschlusses des Börsentermingeschäfts hängt die Wirksamkeit des Geschäftes ab (oben Anm. 4). Diese besondere Art von Geschäftsfähigkeit besitzen vier Gruppen von Personen: die eingetragenen Vollkaufleute, die Börsenleute, die Börsenbesucher und die Ausländer. Anm. 17.

1. Die erste Gruppe wird von den zum Handelsregister eingetragenen Vollkaufleuten gebildet (§ 53 Abs. 1 BörsGes.). Diese sind unbeschränkt geschäftsfähig für Börsentermingeschäfte in allen Wertpapieren und allen Waren, wenn sie als Kaufleute auch nichts mit Wertpapieren oder mit den in Frage kommenden Warengattungen zu tun hatten. Man kann daher diese Gruppe als diejenige der Vollgeschäftsfähigen bezeichnen. Es muß also die Eintragung zum Handelsregister erfolgt und außerdem die Eigenschaft als Vollkaufmann vorhanden sein im Augenblick des Geschäftsabschlusses, d. h. es muß eine Eintragungspflicht bestanden haben. Zu diesen Vollkaufleuten mit Eintragungspflicht gehören zunächst die in § 6 Anm. 2 aufgezählten Handelsgesellschaften, einschließlich der Gesellschaft m. b. H. Die Genossenschaften sind in § 53 Abs. 1 BörsGes. besonders erwähnt, damit sie nicht nur als eintragungspflichtige Vollkaufleute nach § 17 Abs. 2 GenGes. und nach HGB., sondern auch als solche nach Börsengesetz gelten. Diese Gesellschaften müssen auch eingetragen sein, sonst besitzen sie die Börsentermingeschäftsfähigkeit nicht; dasselbe gilt von den eintragungspflichtigen juristischen Personen des § 33, die Eintragung zum Handelsregister verleiht hier die Börsentermingeschäftsfähigkeit. Trotz Nichteintragung besitzen die Börsentermingeschäftsfähigkeit die juristischen Personen des öffentlichen Rechts, welche nach § 36 von der Eintragung befreit sind (hierüber s. die Anm. zu § 36). Trotz Eintragung und Eintragungspflicht besitzen die Börsentermingeschäftsfähigkeit nicht die reinen Versicherungsvereine a. G., weil sie keine Kaufleute sind, wohl aber besitzen sie die gemischten VV. a. G. (Könige PrVG. § 1 Anm. 16). Ist eine Gesellschaft oder eine juristische Person zu Unrecht in das Handelsregister eingetragen, so kann sie sich darauf so wenig nach dem Börsengesetz wie nach dem § 5 HGB. berufen. Hier gilt der Grundsatz des § 5 unbeschränkt.

Kaufmann ist im übrigen derjenige, der ein Handelsgewerbe betreibt (§ 1 Abs. 1), vgl. die Aufzählung zu § 1 Anm. 18; die Ausführung von Jacusiel LZ. 08, 593, daß der Kommanditist eingetragener Vollkaufmann sei, ist nicht überzeugend. Sodann ist derjenige Kaufmann, der ein Unternehmen betreibt, das eine kaufmännisch eingerichtete Betriebsweise nach Art und Umfang erfordert (nicht nur wünschenswert macht), und der danach seiner Eintragungspflicht genügt hat (§ 2). Endlich sind die in § 3 Abs. 2 bezeichneten Personen Kaufleute, wenn sie sich freiwillig in das Handelsregister haben eintragen lassen. Durch die Anm. 18.

Erl. zu § 376. Anm. 18. erfolgte Eintragung erlangen diese drei Klassen von Kaufleuten zugleich die Börsentermingeschäftsfähigkeit; sie gelten nach § 5 als Vollkaufleute; sie erhalten sich diese Eigenschaft bis zur Löschung und können nach der Löschung unter eine der anderen Gruppen fallen. Wenn also ein eingetragener Kaufmann sein Geschäft in eine Aktiengesellschaft oder eine Gesellschaft m. b. H. umgewandelt hatte (zur Zeit des Geschäftsabschlusses), so ist er nicht mehr börsentermingeschäftsfähig nach § 53 Abs. 1 BörsGes.; er kann aber börsentermingeschäftsfähig sein als Angehöriger einer der anderen Gruppen (als Börsenmann, Börsenbesucher, Ausländer). Der Konkurs ändert an der Börsentermingeschäftsfähigkeit an sich nichts. Nun gibt es aber nach § 53 Abs. 1 Satz 2 BörsGes. hinsichtlich eingetragener Einzelpersonen einen Registereinwand. Kleingewerbetreibende sind nämlich überhaupt von der Eintragung ausgeschlossen (§ 4 Anm. 17). Handwerker sind in das Handelsregister nur einzutragen, wenn ihr Unternehmen nach Art und Umfang einen in kaufmännischer Weise eingerichteten Geschäftsbetrieb erfordert, also unter § 2 fällt (hierüber § 2 Anm. 10; § 4 Anm. 8ff.; JW. 08, 343[32]). Nun war es bisher Gesetz, daß der Dritte, der mit einem zu Unrecht Eingetragenen Geschäfte machte, dem Einwand, daß das betreffende Gewerbe kein Handelsgewerbe oder kein Vollhandelsgewerbe sei, nicht ausgesetzt war (§ 5). Dieser Grundsatz ist jetzt durchbrochen. Kleingewerbetreibende dürfen sich nun gegen die auf Grund ihrer Eintragung anzunehmenden Börsentermingsgeschäftsfähigkeit darauf berufen, daß ihr Gewerbebetrieb nicht über den Umfang des Kleingewerbes hinausgeht. Der Gegner muß sich darauf einlassen (§ 53 Abs. 1 Satz 2 BörsGes.); er hat nun zu gewärtigen, daß die Entscheidung des Registerrichters über die Eintragung vom Prozeßgericht nachgeprüft und im Prozeß über ein Börsentermingeschäft nicht anerkannt wird. Der Gegner des eingetragenen Kleingewerbetreibenden trägt somit die Gefahr, daß die Eintragung auf irriger Beurteilung beruht; er muß sich daher ungeachtet der Eintragung vergewissern, mit wem er sich einläßt. Die Gefahr kann praktisch von großer Bedeutung werden; denn die Grenzen zwischen Groß- und Kleinbetrieb sind flüssige und vielfach von persönlicher Auffassung des einzelnen Falles abhängig. Mit Rücksicht hierauf bedarf es künftig erhöhter Sorgfalt seitens des Registerrichters bei Anträgen auf Eintragung in das Handelsregister, anderseits liegt darin eine Warnung des soliden Handels vor zweifelhaften Grenzfällen. Diese Vergünstigung ist den Kleingewerbetreibenden nur von dem Gesichtspunkt der zu unterstellenden Unerfahrenheit aus bewilligt worden. War daher die Eintragung zu Recht erfolgt, und ist das von dem Eingetragenen betriebene Gewerbe erst nachträglich zu einem Minderhandelsgewerbe herabgesunken, so trifft die Voraussetzung der bewilligten Vergünstigung nicht zu. Des Handwerkers gedenkt der § 53 Abs. 1 BörsGes. nicht. In der Regierungsvorlage war er ausdrücklich dem Kleingewerbetreibenden gleichgestellt. In der zweiten Lesung sollte die Regierungsvorlage mit einer Erweiterung wiederhergestellt werden. Aus den Verhandlungen bei der zweiten Beratung vom 7. April 1908 gewinnt man den Eindruck, daß dieser Vorschlag nur wegen seiner Erweiterung auf Ladengeschäfte, Gast- und Schankwirte abgelehnt wurde, weil man durch die jetzige Fassung des Gesetzes der Eintragung zum Börsenspiel völlig ungeeigneter Personen, die ohnehin nicht in das Handelsregister gehören, ihre Wirkung nehmen wollte. Ist ein Handwerker nach § 2 nicht Vollkaufmann, so gehört er eben auch zu den Personen, deren Gewerbebetrieb nicht über den Umfang des Kleingewerbes hinausgeht. Das Gesetz schützt somit beide Arten von Minderkaufleuten (Handwerker und Kleingewerbetreibende). Über die Abgrenzung gegenüber den Vollkaufleuten s. § 2 Anm. 8—10 u. § 4 Anm. 1ff.

Dieser Registereinwand steht aber nicht allein dem Kleingewerbetreibenden und dem Handwerker selbst, sondern auch seinem Vertragsgegner zu, mag dieser auch eingetragener Vollkaufmann sein oder zu den sonstigen als börsentermingeschäftsfähig bezeichneten Personen gehören. Denn § 53 Abs. 1 Satz 2 BörsGes. sagt ausdrücklich und unbedingt, daß die Personen, deren Gewerbebetrieb nicht über den Umfang des Gewerbebetriebs hinausgeht, nicht zu den Kaufleuten gehören, auch wenn sie eingetragen sind. Also jeder Teil darf den Registereinwand erheben. Dieser Einwand muß aber auch erhoben werden. Der Richter hat nicht von Amtswegen nachzuprüfen, ob die Eintragung in das Handelsregister zu Recht erfolgte, sondern Erl. zu nur ob die Eintragung erfolgt ist. Die RegBegr. zu § 53 sagt zwar, die Überschreitung der § 376. dem erlaubten Börsentermingeschäft gezogenen Grenzen habe die Unwirksamkeit zur Folge Anm. 18. und erzeuge nicht nur eine Einrede. Der Wortlaut des § 52 BörsGes. sagt dasselbe. Trotzdem kann es nicht die Absicht des Gesetzgebers sein, dem Richter von Amtswegen zur Nachforschung über die Berechtigung der Eintragung zu zwingen; davor schützt die auch nach dem Börsengesetz nicht zu beseitigende Vermutung der Richtigkeit der Eintragung. Wer den Registereinwand erhebt, muß diese Vermutung entkräften.

2. Die zweite Gruppe börsentermingeschäftsfähiger Personen wird von (berufs- Anm. 19. mäßigen) Börsenleuten, d. h. von solchen Personen gebildet, die zur Zeit des Abschlusses des Börsentermingeschäfts oder früher berufsmäßig Börsentermingeschäfte in Waren oder Wertpapieren oder Bankiergeschäfte betrieben haben (§ 53 Abs. 2 Nr. 1 BörsGes.). Es genügt nicht, wenn diese Umstände erst nach dem Geschäftsabschlusse eingetreten sind. Dagegen schadet es nichts, daß zur Zeit des Abschlusses der Beruf nicht mehr ausgeübt worden ist. Da der Gedanke des Gesetzgebers der ist, daß solche Personen mit der Börsentechnik und den besonderen Gefahren des Börsentermingeschäfts vertraut sind, kommt es hier auf eine Eintragung zum Handelsregister nicht an und wird auch demjenigen Inländer die Börsentermingeschäftsfähigkeit zuzuerkennen sein, der im Ausland solche Geschäfte berufsmäßig betrieben hat. Diese Gruppe von Personen ist geschäftsfähig für alle Arten von Börsentermingeschäften ohne Unterschied. Wer also einmal berufsmäßig Börsentermingeschäfte irgendeiner Art oder Bankiergeschäfte betrieben hat, besitzt nicht nur die Geschäftsfähigkeit in Börsentermingeschäften derjenigen Art, die er berufsmäßig betrieben hat, sondern die unbeschränkte Geschäftsfähigkeit bezüglich Wertpapieren und Waren aller Arten; das Gesetz und die Materialien ergeben nichts anderes. Diese Gruppe ist also ebenfalls vollgeschäftsfähig wie die eingetragenen Kaufleute. Hierin unterscheidet sich diese zweite Gruppe von der dritten Gruppe (den Börsenbesuchern).

Börsentermingeschäfte oder Bankiergeschäfte müssen betrieben worden sein. Anm. 20. Was Bankiergeschäfte sind und was unter deren Betrieb zu verstehen ist, wurde bereits zu § 1 Anm. 64 ff. erörtert. Was Börsentermingeschäfte sind, wurde oben Anm. 7 ff. dargelegt. Der Abschluß von Börsengeschäften, also von Geschäften, die lediglich an der Börse abgeschlossen worden sind, ohne den besonderen Charakter der Börsentermingeschäfte angenommen zu haben, reicht nicht hin. Es soll durch diese Unterscheidung zwischen Börsengeschäften und Börsentermingeschäften der kleine Mann geschützt werden, der an kleineren Börsen Geschäfte macht, und dem Börsentermingeschäfte fremd sind; gemeint sind Schifferbörsen und die kleineren nur von Landwirten und Müllern besuchten Getreidebörsen (RegBegr. zu § 54).

Berufsmäßig muß der Betrieb der Börsentermin- oder Bankiergeschäfte erfolgt sein. Anm. 21. Berufsmäßiger Betrieb ist etwas anderes als der hier überhaupt nicht in Betracht kommende Begriff gewohnheitsmäßigen Betriebs und etwas anderes als gewerbsmäßiger Betrieb. Wer in eigenem Namen solche Geschäfte selbst abschließt oder durch Dritte abschließen läßt, um sich daraus eine dauernde Einnahmsquelle zu verschaffen, betreibt diese Geschäfte gewerbsmäßig, ist deshalb Vollkaufmann und eintragungspflichtig (§ 1 Anm. 6 ff. u. 15 ff.), und zwar ohne Rücksicht darauf, ob diese Geschäfte auch für eigene Rechnung gemacht worden sind (§ 1 Anm. 17). Der Begriff des gewerbsmäßigen Betriebs schließt den Begriff berufsmäßigen Betriebs in sich; denn zum berufsmäßigen Betrieb ist hier nur die Tatsache erforderlich, daß der Betrieb solcher Geschäfte zum Hauptzweck wirtschaftlicher Tätigkeit gemacht worden ist. Der Einzelbankier, die persönlich haftenden Gesellschafter einer offenen Handelsgesellschaft oder einer Kommanditgesellschaft (nicht aber der Kommanditist als solcher, § 1 Anm. 18, vgl. auch oben Anm. 18), die Bankiergeschäfte im Sinne des § 1 Nr. 7 betreibt, betreiben diese Geschäfte gewerbsmäßig und zugleich berufsmäßig. Letztere Tatsache gibt daher allein schon, auch ohne Eintragung, die Börsentermingeschäftsfähigkeit. Berufsmäßig betreiben auch die Kommissionäre, Agenten und Handelsmäkler an Terminbörsen ihre Geschäfte, obgleich sie wegen ihres gewerbsmäßigen Betriebes Vollkaufleute sind und nach erfolgter Eintragung auch unter

Erl. zu § 376. Anm. 21. Abs. 1 des § 53 BörsGes. fallen (oben Anm. 17ff.). Wer den Abschluß von Börsentermin- oder Bankiergeschäften nicht in eigenem Namen betreibt, sondern seine auf Abschluß oder Vermittlung solcher Geschäfte gerichtete wirtschaftliche Tätigkeit im Namen eines andern, des Geschäftsherrn, ausübt, betreibt diese Geschäfte nur berufsmäßig, ist nicht Kaufmann, ist nicht eintragungsfähig und fällt allein vermöge seines Berufs in die zweite Gruppe der Börsentermingeschäftsfähigen. Kraft ihres Berufs sind so börsentermingeschäftsfähig: die Vorstandsmitglieder und Prokuristen der Aktiengesellschaften, Aktienkommanditgesellschaften, eingetragenen Genossenschaften, der handeltreibenden juristischen Personen des § 33 und der juristischen Personen des öffentlichen Rechts des § 36 sowie der (gemischten) Versicherungsvereine a. G. und die Geschäftsführer von Gesellschaften m. b. H. — vorausgesetzt, daß diese Gesellschaften, juristische Personen und Vereine Börsentermingeschäfte oder Bankiergeschäfte betreiben oder betrieben haben. Denn alsdann sind deren vertretungsberechtigte Angestellten kraft ihres Berufs vertraut mit den Geschäften dieser Art. Hierher gehören auch Handlungsbevollmächtigte, die zur Vornahme solcher Geschäfte nach § 54 ermächtigt sind, wie Börsenvertreter und Disponenten. Dasselbe muß gelten von dem Vormund, der ein Bankiergeschäft seines Mündels betreibt; und ferner von dem Liquidator eines fremden Bankgeschäfts, wenn der Betrieb solcher Geschäfte im Verlaufe der Liquidation berufsmäßig stattgefunden hat. Es wird in diesem Falle nicht darauf ankommen, ob der Liquidator sich hierbei in den durch den Liquidationszweck vorgeschriebenen Grenzen (§ 49 BGB., § 149 HGB.; vgl. RG. 60, 32) gehalten hat. Dasselbe muß ferner vom Konkursverwalter angenommen werden; denn er handelt an sich berufsmäßig in gesetzlicher Vertretung des Gemeinschuldners gemäß § 6 Abs. 2 KO.; vgl. Jaeger § 6 Anm. 18ff.

Wer einmal kraft seines Berufs diese Art von Börsentermingeschäftsfähigkeit erlangt hatte, verliert sie nicht wieder.

Anm. 22. 3. Die dritte Gruppe umfaßt die sog. Börsenbesucher. Das heißt: die dauernde Zulassung zu einer Börse zum Zweck der Teilnahme am Börsenhandel verleiht die Börsentermingeschäftsfähigkeit, ohne Rücksicht auf die Kaufmannseigenschaft (§ 53 Abs. 2 Nr. 1 BörsGes.). Die Zulassung muß zu einer Börse erfolgt sein, an der nach § 1 BörsGes. der Handel in Waren oder Wertpapieren stattfindet; damit ist der Besuch der Schifferbörsen für belanglos erklärt. Der Besuch einer deutschen Börse ist zu fordern; der RegEntw. schrieb dies vor. Die Weglassung dieser Vorschrift im Gesetz ändert an diesem selbstverständlichen Erfordernis nichts (das BörsGes. kann nur deutsche Verhältnisse im Auge haben). Die Zulassung muß zu dauerndem Besuch erfolgt sein; der Entwurf wollte es an einem nicht nur vorübergehenden Besuch genügen lassen; die Fassung des Gesetzes erhielt den Vorzug, weil gerade eine allgemeine Freigebung des Zutritts zur Börse, wie sie bei den hanseatischen Börsen bisher stattfand, also ein langjähriger regelmäßiger geduldeter Börsenbesuch nicht hinreichen soll. Es bedarf nach dem Willen des Gesetzgebers einer besonderen Einzelzulassung für jeden Besucher, und zwar zwecks Teilnahme am Börsenhandel; daher genügen bloße Eintrittskarten nicht, sondern es ist die Börsenkarte nötig, die zur Benutzung der Börseneinrichtungen berechtigt (vgl. § 5 Nr. 3, § 7 BörsGes.). Ob der so zugelassene Besucher wirklich auch Börsengeschäfte oder gar Börsentermingeschäfte gemacht hat, ist gleichgültig. Kann der Zugelassene beweisen, daß er die Börse überhaupt nicht besucht hat, so wird ungeachtet der Zulassung die Börsentermingeschäftsfähigkeit nicht vorhanden sein. Denn die Bestimmung des § 53 Abs. 2 Nr. 1 BörsGes. beruht auf der Unterstellung der Kenntnis der Technik und der Gefahren des Börsenterminhandels. Ist die dauernde Zulassung nur zur Fonds- oder Effektenbörse erteilt, so wird damit nur die Geschäftsfähigkeit für Börsentermingeschäfte in Wertpapieren aller Art, aber nicht für Börsentermingeschäfte in Waren erlangt. Ist die dauernde Zulassung nur für die Produkten- oder Warenbörse erteilt, so ist damit nur die Geschäftsfähigkeit für Börsentermingeschäfte in der bestimmten an dieser Börse gehandelten Art von Waren erlangt, nicht aber für alle Art von Waren und nicht für Wertpapiere. Wer somit zur Kaffeebörse zugelassen ist, ist nur börsentermingeschäftsfähig für Kaffeegeschäfte, nicht für Börsentermingeschäfte in Baumwolle, Zucker usw. Die Börsenbesucher sind also nicht vollgeschäftsfähig wie die eingetragenen Kaufleute, Börsenleute und Ausländer, sondern nur relativ geschäftsfähig. Das Gesetz beläßt diese relative Börsentermingeschäftsfähigkeit allen Personen, die je einmal in dem soeben erörterten Sinne Besucher einer deutschen Börse waren; sollten sie auch den Besuch aus irgendwelchem Grunde aufgegeben haben oder von der Börse ausgeschlossen worden sein. **Erl. zu § 376.** Anm. 22.

4. Die vierte Gruppe der Börsentermingeschäftsfähigen bilden die Ausländer. Diese letztere Bezeichnung ist nicht genau zutreffend (wie Jacusiel in LZ. 08, 575/6 mit Recht hervorhebt), weil es auf die Staatsangehörigkeit nicht ankommt sondern nach § 53 Abs. 2 Nr. 2 BörsGes. hierher nur die Personen gehören, die zur Zeit des Abschlusses des Börsentermingeschäfts im Inlande weder einen Wohnsitz noch eine gewerbliche Niederlassung haben. Danach ist ein im Ausland wohnender Deutscher oder Ausländer börsentermingeschäftsfähig, während ein einem fremden Staate Angehöriger, der in Deutschland wohnt oder daselbst eine gewerbliche Niederlassung hat, die Börsentermingeschäftsfähigkeit besitzt, wenn er unter eine der anderen drei Gruppen (oben Anm. 17—22) einzureihen ist. Trotzdem ist der Ausdruck „Ausländer" bezeichnend; denn er trifft meist auf Personen zu, die, weil sie einem fremden Staate angehören, im Auslande wohnen, die also Ausländer in diesem besonderen Sinne sind (vgl. über Wohnsitz und gewerbliche Niederlassung Erl. zu § 372 Anm. 20f.). Daß der Ausländer im Inland nur vorübergehenden Aufenthalt genommen hat, benimmt ihm seine Börsentermingeschäftsfähigkeit nicht. Ob der Ausländer Kaufmann oder Nichtkaufmann ist, bleibt ohne Bedeutung. Auch ist es gleichgültig, ob seine Börsentermingeschäfte Wertpapiere oder Waren und welche Arten von Waren sie zum Gegenstand hatten. Ausländer im Sinne des § 53 Abs. 2 Nr. 2 BörsGes. sind also vollbörsentermingeschäftsfähig. Anm. 23.

E. **Liegen erlaubte Börsentermingeschäfte vor und ist auch Börsentermingeschäftsfähigkeit vorhanden, so kommt es darauf an, ob beide Vertragschließende oder nur einer von beiden Teilen oder keiner von beiden Teilen die Börsentermingeschäftsfähigkeit besitzt.** In den beiden ersten Fällen ist es von Bedeutung, ob das Börsentermingeschäft ein offizielles oder ein inoffizielles war. Anm. 24.

1. **Beide Vertragschließende sind börsentermingeschäftsfähig** in dem oben Anm. 17—23 dargelegten Sinne. Alsdann sind die Geschäfte verbindlich für beide Teile.

a) Die hier aufgestellte Gültigkeitsvorschrift bezieht sich nur auf Börsentermingeschäfte in Waren und Wertpapieren. Was unter Börsentermingeschäften in Waren und Wertpapieren zu verstehen ist, wurde oben Anm. 2, 5—14 dargelegt. Danach sind es — kurz ausgedrückt — Geschäfte typischen Inhalts, berechnet auf den Differenzausgleich mittels ebenso typischen Gegengeschäfts. Der Eingang des § 53 BörsGes spricht ausdrücklich aus, daß das Geschäft verbindlich ist, wenn auf beiden Seiten als Vertragschließende eingetragene Kaufleute oder die ihnen dort gleichgestellten börsentermingeschäftsfähigen Personen (Börsenleute, Börsenbesucher, Ausländer) beteiligt sind. Das will heißen, es kann der Einwand, daß eine Verbindlichkeit nicht entstanden sei, weil ein Börsentermingeschäft vorliege, nicht erhoben werden. Es soll damit dem Börsenterminverkehr dieselbe Sicherheit verschafft werden, wie sie nach dem alten Börsengesetz nur durch Eintragung beider Teile in das Börsenregister erreicht werden konnte (hierüber bish. Erl. zu § 376 Anm. 32). Anm. 25.

b) Die Geschäfte sind also verbindlich. Dieser Grundsatz erfährt aber nur dann volle Anwendung, wenn auf beiden Seiten börsentermingeschäftsfähige Personen als Vertragschließende beteiligt sind. Geschäftsfähig für Börsentermingeschäfte aller Art sind aber nur die Gruppen der eingetragenen oder der Eintragung nicht bedürftigen Vollkaufleute (oben Anm. 17 u. 18), der Börsenleute (oben Anm. 19—21) und der Ausländer (oben Anm. 23). Nur wenn Personen aus diesen Gruppen einander gegenüberstehen, kommt es nicht darauf an, ob das Börsentermingeschäft Wertpapiere oder Waren zum Gegenstand hatte, und welcher Art diese Waren gewesen sind. Nur hier ist das Geschäft unbedingt verbindlich, einschließlich etwaiger Verpfändung. Sobald einer Person, die zu einer der soeben genannten drei Gruppen gehört, ein Börsenbesucher gegenübersteht, so kommt es auf den Gegenstand des Börsentermingeschäfts an. Denn der Börsenbesucher ist nur relativ geschäftsfähig; seine Geschäftsfähigkeit richtet sich Anm. 26.

Erl. zu § 376. Anm. 26. nach den Geschäften der Börse, zu deren dauerndem Besuche er zugelassen war (oben Anm. 22). War z. B. ein Börsentermingeschäft in Wertpapieren abgeschlossen, so ist zwar der eingetragene oder der Eintragung nicht bedürftige Vollkaufmann, der Börsenmann und der Ausländer geschäftsfähig, der Börsenbesucher aber nicht, wenn er nur zur Warenbörse zugelassen war; das Börsentermingeschäft ist in diesem Falle unwirksam, wenn ihm nicht doch die Grundsätze zur Gültigkeit nachträglich verhelfen, welche ein Börsentermingeschäft heilen, in welchem nur ein Vertragsteil börsentermingeschäftsfähig ist (hierüber unten Anm. 32). Ebenso liegt der Fall, wenn ein eingetragener oder der Eintragung nicht bedürftiger Vollkaufmann, ein Börsenmann oder ein Ausländer ein Börsentermingeschäft in Rüböl mit einem Börsenbesucher machen, der nur bei der Kaffee- oder der Baumwollbörse, also bei einer Warenbörse anderer Art oder bei der Fondsbörse zugelassen war (hierüber oben Anm. 22). Machen zwei Börsenbesucher miteinander Börsentermingeschäfte, so ist das Geschäft nur dann verbindlich, wenn beim Börsentermingeschäft in Wertpapieren beide Teile bei der Fondsbörse und beim Börsentermingeschäft in Waren beide Teile bei einer Börse zugelassen waren, an der Börsentermingeschäfte gerade in dieser Art von Waren gemacht wurden. So kann es kommen, daß bei einem Börsentermingeschäft, das zwei Börsenbesucher miteinander abschließen, nur der eine oder keiner von beiden die Börsentermingeschäftsfähigkeit besaß.

Endlich ist hier zu wiederholen, daß auch die Eintragung in das Handelsregister noch keine vollständige Gewähr bietet, denn es findet der Registereinwand statt (oben Anm. 18). Hat dieser Einwand Erfolg, so fehlt es an der Geschäftsfähigkeit; es stehen sich nicht mehr vollgeschäftsfähige Personen gegenüber. In dem zunächst Folgenden wird aber nur der Fall betrachtet, wenn beide Teile vollgeschäftsfähig sind.

Anm. 27. c) Die Verbindlichkeit des Geschäfts hat die Wirkung, daß der Einwand, es sei die effektive Erfüllung vertraglich ausgeschlossen, nicht stattfindet. Mit anderen Worten: es kann die Gültigkeit des Geschäfts nicht deshalb in Frage gestellt werden, weil die besondere Handelsform des Börsentermingeschäfts vorliegt, welche nicht auf effektive Erfüllung im eigentlichen Sinne, sondern auf Ausgleichung durch Abschluß eines gleichartigen Gegengeschäfts, des sog. Erfüllungs- oder Deckungsgeschäfts hinausläuft, bei dem regelmäßig die Beschaffenheit der zu liefernden Ware, die Lieferungseinheit, die Qualität und der Lieferungstermin, d. h hier der Abrechnungstermin für das Gegengeschäft, von vornherein feststeht. Auf dem Terminmarkte verkauft A an B, B an C, C an D usw. bis zum Käufer X dieselbe Menge derselben Ware derselben Qualität auf denselben Termin; es liefert aber nur der Verkäufer A an den Käufer X; alle Zwischenglieder der Käufer- und Verkäuferkette nehmen eine Ausgleichung durch Abrechnung der Kauf- und Verkaufspreise vor, ohne daß die ge- und verkaufte Ware vorhanden zu sein braucht. Der Terminmarkt vermittelt also einen warenlosen Verkehr, der auf die Kursunterschiede (die Differenz) zur Abrechnungszeit abhebt. Wenn nun in den Börsenordnungen bestimmt ist, daß jede im Terminverkehr verkaufte Ware im Laufe des Termins effektiv zu liefern und zu übernehmen ist, so hat diese Bestimmung nur für den ersten Kündigenden und den letzten Übernehmer Bedeutung. Das heißt: jeder Verkäufer kann erklären, daß er zur Erfüllung und Lieferung bereit ist; er kündigt damit sein Engagement mittels eines Kündigungsscheines. Alle an einem Terminengagement Beteiligten müssen zur Entgegennahme von Kündigungen während der Dauer des Termins bis zur Abwickelung ihrer Schlüsse auf der Börse anwesend sein. Die ferneren Einzelheiten würden hier zu weit führen; es genügt hier, noch zu bemerken, daß sich nun die Liquidation durch Abrechnung in bestimmten Formen vollzieht (vgl. RG. 47, 111). Alle diese Vorgänge sind durch die Börsenordnungen und die Zulassungsbedingungen für das offizielle Börsentermingeschäft genau geregelt. Geschäfte, welche sich innerhalb dieser Vorschriften abwickeln, sind schon ohne weiteres allein aus diesem Grunde als Börsentermingeschäfte anzusprechen. Nun gibt es aber auch Börsentermingeschäfte ohne diese offizielle Form, die sich an der Börse oder außerhalb derselben geradeso abwickeln, wie das offizielle Termingeschäft, und auch das Wesen eines Börsentermingeschäfts an sich tragen (oben Anm. 3, 6—14), vor allem aber wirtschaftlich dieselben Wirkungen äußern, wie das offizielle Börsentermingeschäft. Ob nun ein einzelnes Geschäft diesem inoffiziellen oder freien Terminhandel angehört, bedarf einer sorgfältigen Prüfung nach der subjektiven und objektiven Seite, wie auch nach den Geschäftsformen und den wirtschaftlichen Verhältnissen. Die maßgebenden Gesichtspunkte zur Feststellung des Umgehungscharakters solcher Geschäfte sind oben Anm. 7—14 entwickelt. Das offizielle und das nichtoffizielle Börsentermingeschäft zeigen keinen materiellrechtlichen Unterschied, soweit das Börsengesetz in Betracht kommt, wohl aber soweit der Spiel- oder der Differenzeinwand erhoben wird. Das offizielle Geschäft ist in seiner Kraft verstärkt, das nichtoffizielle Geschäft ist abgeschwächt. Erl. zu § 376. Anm. 27.

α) Die Verbindlichkeit des offiziellen Börsentermingeschäfts ist verstärkt. Anm. 27a. Es kann unter keinen Umständen gegen seine Rechtswirksamkeit der Einwand erhoben werden, daß das Geschäft auch noch ein Differenz- oder Spielgeschäft sei. Für das offizielle Börsentermingeschäft, bei dem beide Teile volle Geschäftsfähigkeit besitzen (oben Anm. 25f.), ist es einerlei, ob allein oder nebenbei Spielzwecke verfolgt wurden, ob eine dauernde Kapitalanlage beschafft werden sollte oder nicht. Hierin stimmen die §§ 58 Satz 1, 53 BörsGes. sinngemäß mit § 69 des alten BörsGes., wonach der Differenzeinwand nicht erhoben werden konnte, wenn der Registereinwand versagte, völlig überein (vgl. JW. 04, 38[5]). Doch ist dieser Grundsatz nicht dahin zu verstehen, daß nun auch auf Lieferung und Abnahme oder auf Zahlung Zug um Zug geklagt werden könnte, sondern es untersteht nun das ganze Geschäft den Abwicklungsgrundsätzen, die für den offiziellen Börsenterminhandel der betreffenden Börse nach § 50 BörsGes. aufgestellt sind (oben Anm. 3, 8 u. 26). Es ist also sowohl § 762 als auch § 764 BGB. unanwendbar.

β) Die Verbindlichkeit des inoffiziellen (— freien) Börsentermingeschäfts ist abgeschwächt. Anm. 28. Es kann zwar gegen Ansprüche aus solchen Geschäften nicht der Einwand erhoben werden, es liege ein Börsentermingeschäft, also ein Geschäft vor, das seiner Natur nach schon ein Spielgeschäft sei; es kann auch nicht die Behauptung Beachtung finden, der Ansprucherhebende habe gewußt, daß der von ihm in Anspruch Genommene die Wertpapiere oder die Ware, auf welche das Börsentermingeschäft lautete, oder die zu liefernde Menge oder die zu zahlende Summe gar nicht besitze, daß also schon hiernach eine auf Abschluß eines wirklichen Kaufs gerichtete Absicht gar nicht vorhanden gewesen sein könne, sondern daß die Absicht nur auf die Kursdifferenz gegangen sei; denn diese Umstände sind auch beim reellen Börsentermingeschäft vorhanden (oben Anm. 26) und gehören gerade zu der Handelsform des Börsentermingeschäfts. Der Spieleinwand kann hier nur gegen den Inhalt des Geschäfts, d. h. dahin gerichtet werden, daß die Form des Börsentermingeschäfts nicht der eigentliche Zweck war, sondern daß diese Form nur zur Verhüllung eines reinen Differenzgeschäfts gewählt worden ist. Mit anderen Worten: es muß behauptet werden, daß nicht ein wirklicher Kauf oder Verkauf, der wirklich durch effektive Erfüllung abzuwickeln war, abgeschlossen werden sollte, sondern daß nur ein reines Spiel gewollt war, d. h. daß der Gewinnende vom Verlierenden nur die Differenz, bestehend in dem Unterschied zwischen dem Kauf- oder Verkaufspreis und dem Kurswert am Stichtag, fordern könne. Die Unterscheidung, ob das eine oder das andere gewollt war, ist oft schwierig. Der Spiel- und Differenzeinwand kann gemäß §§ 762, 764 BGB. ohne Beschränkung von jedem Teil erhoben werden, obgleich beide Teile voll börsentermingeschäftsfähig sind.

Die Zulässigkeit des Spieleinwandes bei beiderseitiger Börsentermingeschäftsfähigkeit stützt sich ganz allein darauf, daß § 58 Satz 1 BörsGes. nur gegen Ansprüche aus einem offiziellen Börsentermingeschäft die §§ 762, 764 BGB. ausschließt. Daraus ergibt sich mangels jeder Einschränkung, daß bei inoffiziellen Börsentermingeschäften die §§ 762, 764 BGB. in vollem Umfange Anwendung finden. Danach findet gegenüber dem Spieleinwand bei inoffiziellen Termingeschäften weder eine Aufrechnung noch irgend ein Anspruch aus Sicherheitsleistung statt (hierüber unten Anm. 146ff.). Höchst beachtenswert ist allerdings die gegenteilige (auch von Weber, dem Berichterstatter Anm. 29.

Erl. zu § 376. Anm. 29. der Reichstagskommission, DJZ. 08, 612/613, Düringer BankA. 7, 114 ff., Wildhagen DJZ. 07, 1276 geteilte, und im Reichstag 7 Prot. 4749 A widerspruchslos vertretene) Meinung des Regierungskommissars Hemptenmacher zu § 58 Bem. 3, daß der Spieleinwand nach Satz 2 des § 58 BörsGes. durch die Bestimmungen der §§ 54 u. 56 über die Befriedigung aus einer Sicherheit und über die Zulässigkeit der Aufrechnung auch für das inoffizielle Börsentermingeschäft eingeschränkt sei. Für diese Meinung läßt sich die RegBegr. zu Art. III des Entwurfs und zu §§ 59—63 des Entwurfs verwerten, wonach die Trennung zwischen offiziellem und inoffiziellem Terminhandel gerade zu dem Zwecke geschah, um die bisherige Unklarheit zu beseitigen; der inoffizielle Börsenterminhandel wird dort nur als Verstoß gegen Börsenordnungsvorschriften ohne materiellrechtliche Folgen bezeichnet (ebenso die RegBegr. z. Entw. v. 19. Februar 1904 S. 17 zu Art. 1 II und III und KommBer. zum letzten Entwurf S. 20). Trotzdem ist dieser Meinung nicht beizutreten. Der Satz 1 des § 58 BörsGes. bewilligt den Schutz gegen den Spieleinwand nur dem offiziellen Börsentermingeschäft. Der Satz 2 des § 58 BörsGes. betrifft aber auch nur den offiziellen Terminhandel; denn er will ausdrücklich die im Satz 1 bezeichneten Geschäfte treffen. Die ursprüngliche Fassung lautete allerdings: „Soweit ein solcher Einwand zulässig bleibt“ usw. Die Kommission hat ohne Angabe von Gründen die Fassung gewählt: „Soweit gegen die *bezeichneten Ansprüche* ein solcher Einwand zulässig bleibt“ usw. Man wollte durch diese Einschaltung wohl nur den ursprünglichen Sinn klarstellen. Somit gilt § 58 BörsGes. überhaupt nicht für das inoffizielle Börsentermingeschäft; folglich gelten auch nicht die dort angezogenen §§ 54 u. 56 BörsGes., wenn der Spieleinwand gegen Ansprüche aus einem inoffiziellen Börsentermingeschäft erhoben wird (vgl. auch unten Anm. 79 u. 82). Der Satz 2 des § 58 BörsGes. hat nur Bedeutung, wenn nicht beide Vertragschließende voll termingeschäftsfähig sind und betrifft nur den offiziellen Terminhandel; hierüber unten Anm. 32.

Anm. 30. d) *Selbstverständlich ist, daß eine Anfechtung aus sonstigen Gründen* (z. B. wegen allgemeiner Geschäftsunfähigkeit nach § 104 BGB., wegen Zwangs, Betrugs, Irrtums usw.) in keiner Weise eingeengt ist. Eine solche Anfechtung ist so wenig ausgeschlossen, als der Einwand des Scheines. Besteht der Schein aber darin, daß nicht effektiv geliefert, die Differenz aber gezahlt werden sollte, so ist eine solche Begründung unbeachtlich. Die Vorschriften des Börsengesetzes stehen auch einem Angriff aus §§ 823, 826 BGB. nicht entgegen, wenn das Börsentermingeschäft durch eine unerlaubte Handlung zustande gekommen ist oder einen Verstoß gegen die guten Sitten darstellt (vgl. auch unten Anm. 60 u. bish. Erl. zu § 376 Anm. 26). Ein solcher Verstoß liegt nicht darin, daß ein Kontrahent von vornherein die Absicht hat, im Fall des Verlierens die Ungültigkeit des Geschäfts vorzuschützen (JW. 08, 467[39]). Auch § 812 BGB. kann in Anwendung kommen: hat der Einkaufskommissionär seinen Kommittenten z. B. durch den der Ausführungsanzeige angefügten Vermerk: „Stücke zugunsten Ihres Depotkontos“ in den Glauben versetzt, er habe die Papiere wirklich angeschafft und in Verwahrung genommen und den Kommittenten dadurch zur Anerkennung eines Kontokorrentsaldos bestimmt, so kann dieses Anerkenntnis nach § 812 Abs. 2 BGB. widerrufen werden, wenn der Kommissionär die Papiere nicht angeschafft, sondern den Auftrag durch Gegengeschäft im Wege des Selbsteintritts ausgeführt hatte. Denn der Kommittent wollte nur das Kaufgeschäft als erfüllt anerkennen, während der Kommissionär nicht erfüllt hatte; in diesem Falle kommt es dann gar nicht darauf an, ob das Geschäft ein Börsentermin- oder ein Spielgeschäft war: die in der Saldoanerkennung liegende Aufrechnungsgenehmigung ist nach § 812 BGB. hinfällig; es muß nun auf die der Saldoziehung zugrunde liegenden Geschäfte zurückgegangen werden.

Anm. 31. e) *Dagegen ist die Rechtsfolge der Unverbindlichkeit nicht an den Tatbestand des § 94 BörsGes. geknüpft.* Wer gewohnheitsmäßig in gewinnsüchtiger Absicht andere unter Ausbeutung ihrer Unerfahrenheit oder ihres Leichtsinns (über diese Begriffe s. Erl. zu § 346 Anm. 19 u. 20) zu Börsenspekulationsgeschäften verleitet, welche nicht zu deren Gewerbebetrieb gehören, macht sich nach § 94 BörsGes. strafbar. Zu diesen Börsenspekulationsgeschäften gehören Differenz- und Spielgeschäfte, aber auch Börsentermingeschäfte offizieller und nichtoffizieller Art, wenn sie nicht etwa nur zum Zweck der Kapitalanlage oder aus sonstigen wirtschaftlich berechtigten Gründen abgeschlossen worden sind (Mot. zum alten BörsGes. 58). Daß der Verleitete volle Börsentermingeschäftsfähigkeit besaß, steht der Anwendung des § 94 BörsGes. nicht entgegen. Aber zivilrechtliche Folgen knüpft das Börsengesetz an diesen Tatbestand nicht. Wohl aber stellt die Ausbeutung geistiger Minderwertigkeit und Beschränktheit durch Verleitung zu Börsentermingeschäften oder zum Spiel, zum Zweck der Erlangung eines außergewöhnlichen Vorteils einen Verstoß gegen die guten Sitten nach § 138 Abs. 1 BGB. dar, wenn auch die Voraussetzungen des Wuchers nicht vorliegen (vgl. RG. 67, 393). Über die sich hieraus ergebenden Folgen siehe Ausführliches Erk. zu § 346 Anm. 1. Eine dieser Wirkungen besteht darin, daß wegen der Nichtigkeit des Geschäfts derjenige, dem ein Verstoß gegen die guten Sitten vorzuwerfen ist, weder aus § 322 BGB., da es sich nicht um vertragliche Ansprüche handelt, noch aus § 273 BGB. oder § 369 HGB., weil eine vorsätzlich begangene unerlaubte Handlung in Frage steht, ein Zurückbehaltungsrecht geltend machen kann. **Erk. zu § 376.** Anm. 31.

2. **Ist nur ein Teil börsentermingeschäftsfähig,** so ist das Geschäft unverbindlich. Jedoch ist davon eine Ausnahme für den Hauptfall, nämlich für den Fall gemacht, wenn der Bankier mit seinem Privatkunden Geschäfte in Wertpapieren abschließt, und der Kunde seinem Bankier in gewissen Formen Sicherheit gestellt hat. In diesem Ausnahmefall, der künftighin wohl den Hauptfall der Praxis darstellen wird, ist das Börsentermingeschäft für den Kunden nur in Höhe der geleisteten Sicherheit, für den Bankier dagegen in vollem Umfange verbindlich (§ 54 BörsGes.; hierüber unten Anm. 33ff.). In allen übrigen Fällen ist das Geschäft, bei dem nur auf einer Seite die Börsentermingeschäftsfähigkeit vorhanden ist, unwirksam und klaglos: es bleibt jedoch eine Art natürlicher Verbindlichkeit übrig. Denn die Erfüllungsannahme nach § 57 BörsGes. (unten Anm. 45ff.) verleiht dem unwirksamen Börsentermingeschäft rückwärts volle Rechtswirksamkeit. Ferner ist das auf Grund des Geschäfts Geleistete keine Schenkung, sondern es kann nicht mehr zurückgefordert werden (§ 55 BörsGes. unten Anm. 46ff.), und es können endlich Forderungen aus anderen, an und für sich unwirksamen Börsentermingeschäften zur Aufrechnung verwendet werden (§ 56 BörsGes.; unten Anm. 51ff.). Dagegen wird einem Schuldanerkenntnis oder Schuldversprechen jede Bedeutung versagt (§ 59 BörsGes.). Es kann auch nicht durch Schuldumwandlung oder gleichwertige Rechtsvorgänge eine „Heilung" herbeigeführt werden. I n a l l e n d i e s e n F ä l l e n k o m m t e s n i c h t d a r a u f a n, o b e i n o f f i z i e l l e s o d e r e i n n i c h t o f f i z i e l l e s B ö r s e n t e r m i n g e s c h ä f t v o r l i e g t. Nur die Frage, ob der Spiel- oder Differenzeinwand zulässig ist, hängt davon ab, ob das Geschäft ein offizielles ist oder ein nichtoffizielles (hierüber unten Anm. 78ff.). Anm. 32.

Es sind nun zunächst die Voraussetzungen der vollen von Anfang an vorhandenen und der nachträglich durch Erfüllungsannahme eintretenden Rechtswirksamkeit, sodann die verschiedenen Erfüllungsmöglichkeiten und zuletzt der Spiel- und Differenzeinwand zu betrachten.

a) **Die Voraussetzungen der Rechtswirksamkeit, die ausnahmsweise eintritt, wenn nur eine Partei börsentermingeschäftsfähig ist.** Anm. 33.

α) **Das Geschäft wird durch Sicherheitsleistung rechtswirksam,** w e n n d i e e i n e P a r t e i e i n e i n g e t r a g e n e r o d e r e i n d e r E i n t r a g u n g n i c h t b e d ü r f t i g e r K a u f m a n n i s t (§ 54 Abs. 1 BörsGes.). Es wird also zunächst die volle Börsentermingeschäftsfähigkeit der ersten Gruppe der börsentermingeschäftsfähigen Personen (der Vollkaufleute) für die eine Partei gefordert, wenn der andere Teil nicht börsentermingeschäftsfähig ist.

Es ist bereits oben Anm. 17—18 dargelegt, daß alle Handelsgesellschaften, die Gesellschaften m. b. H. und die Genossenschaften sowie die handeltreibenden juristischen Personen und die übrigen eingetragenen Kaufleute zu dieser ersten Gruppe mit voller Börsentermingeschäftsfähigkeit gehören, daß aber die zu Unrecht eingetragenen Kleingewerbetreibenden und Handwerker davon ausgenommen sind, und daß sie sich des Registereinwands bedienen

Erl. zu § 376. Anm. 33. müssen. Es genügt dem Gesetze hier also nicht, die Börsentermingeschäftsfähigkeit, wie sie die Börsenleute (oben Anm. 19ff.), die Börsenbesucher (oben Anm. 22) und die Ausländer (oben Anm. 23) besitzen. Welche Qualität der Partei zukommt, die dem Vollbörsentermingeschäftsfähigen gegenüber steht, ist keineswegs gleichgültig. Steht ihm ein Börsenmann, ein Börsenbesucher oder ein Ausländer gegenüber, so ist das Geschäft ohnehin vollwirksam nach § 53 BörsGes. (oben Anm. 26); es bedarf nicht noch einer Sicherheitsleistung. Hierher gehört also nur der Fall, wenn die eine Partei der Gruppe der eingetragenen oder nicht eintragungsbedürftigen Vollkaufleute angehört, die andere Partei aber weder dieser Gruppe noch der Gruppe der Börsenleute oder der Ausländer zuzuzählen ist oder zwar als Börsenbesucher anzusehen ist, aber nicht als Börsenbesucher hinsichtlich des in Frage stehenden Geschäfts gelten kann (hierüber oben Anm. 22). Die Eigenschaft als Vollkaufmann muß im Augenblick des Abschlusses des Börsentermingeschäfts vorhanden sein und nicht erst im Augenblick der Sicherheitsleistung.

Anm. 34. αα) Nur dem Börsentermingeschäft in Wertpapieren wird diese Berücksichtigung zuteil. Es muß also ein erlaubtes Börsentermingeschäft vorliegen, wie dieser Begriff oben Anm. 2, 5—14 nach der rechtlichen u. oben Anm. 27 nach der banktechnischen Seite dargestellt worden ist. Außerdem muß es ein solches Geschäft in Wertpapieren sein. Darüber, was unter Wertpapieren zu verstehen ist, siehe oben Anm. 7. Es darf also kein Börsentermingeschäft in Waren sein. Ob das Börsentermingeschäft in Wertpapieren ein offizielles ist, ist aber gleichgültig.

Anm. 35. ββ) Es muß dem voll Börsentermingeschäftsfähigen Sicherheit geleistet sein. Dieser Grundsatz darf nicht wörtlich genommen werden. Es genügt, wenn die Sicherheit zur Zeit des Geschäftsabschlusses bereits bestellt ist, sich also die zur Sicherheit bestimmten Gegenstände bereits im Depot des künftigen Pfandgläubigers befinden. Der Nachdruck ruht auf der Tatsache der Bestellung, die ein völlig freiwilliger Akt sein muß. Das heißt: es kann keine vertragliche Verpflichtung zur Bestellung einer Sicherheit noch auch zur Erhöhung der gestellten Sicherheit eingegangen werden, und zwar nicht einmal für den Fall, daß die geleistete Sicherheit im Wert ohne Verschulden des Pfandgläubigers sich verringert oder aus sonstigen Gründen nicht mehr zureicht. Der Pfandgläubiger kann auch nicht Leistung einer anderen Sicherheit begehren; wohl aber hat der Kunde das Umtauschrecht (unten Anm. 36). Dagegen ist es nicht erforderlich, daß gerade der Vertragsgegner die Sicherheit bestelle; auch ein Dritter kann für diesen die Sicherheit leisten. Dies ergibt sich aus der Fassung des § 54 Abs. 1 BörsGes.

Anm. 36. Als Gegenstände der Sicherheitsleistung sind nur Geld und solche Wertpapiere zugelassen, die einen Kurs haben. Damit ist Verbürgung, Garantieübernahme, Verpfändung von Forderungen, Waren und Grundstücken ohne weiteres ausgeschlossen. — Unter Geld ist nicht allein bares Geld oder staatliches Geld (Währungsgeld; § 244 BGB.), sondern alles Geld zu verstehen, das im Verkehr als Zahlungsmittel gilt, also auch ausländische Münzen, Reichskassenscheine, in- und ausländische Banknoten wie in § 234 BGB. (KB. 63; vgl. § 361 Anm. 5; OLG. Darmstadt, HessRspr. 6, 41). — Wird Geld als Sicherheit verwendet, so gebietet es das Wesen der Sicherheitsleistung, die Hinterlegungscharakter hat, daß die Münzen, die Banknoten usw. im Stück aufbewahrt werden müssen. Es darf das Geld nicht im Geschäft verwendet und der Betrag dem Kunden nicht nur gutgeschrieben werden. Hieraus folgt die Unverzinslichkeit des Bardepots und zugleich die Unzweckmäßigkeit der Anlegung von Bardepots für beide Teile; a. M. Hemptenmacher § 54 Bem. 6, der nur bei Wertpapieren eine Aufbewahrungspflicht nach dem DepGes. annimmt, bei Geld aber den börsentermingeschäftsfähigen Teil Eigentümer werden läßt, so daß bei der Abwickelung des Geschäfts nur eine Aufrechnung stattfinde. Meist wird allerdings der Parteiwille dahin zu verstehen sein, daß der Bankier nicht die Geldstücke als Sicherheit erhalten, sondern daß er Eigentümer des Geldes werden und der Kunde nur eine verzinsliche Forderung auf Rückzahlung haben soll (so z. B., wenn dem Kunden mit seinem

Einverständnis die Einzahlung mit Zinsen gutgeschrieben wird). In diesem Fall handelt Erk. zu es sich um ein depositum irregulare (§ 700 BGB.; § 368 Anm. 87 u. Erk. zu § 424 § 376. Anm. 1 u. 5; vgl. RG. 11, 322; 23, 102), das wie ein Darlehen zu betrachten ist. Als- Anm. 36. dann kommt in Frage, wieweit gegenüber dem Anspruch auf Rückzahlung des Darlehens mit der Aufrechnungseinrede begegnet werden kann (hierüber unten Anm. 48 u. 55). — Zu den **Wertpapieren**, die einen Kurs haben, gehören alle börsengängigen Wertpapiere wie bei der Sicherheitsleistung nach § 234 BGB. Für den Begriff der Wertpapiere ist auch hier im allgemeinen das in § 1 Anm. 39ff. u. im bish. Erk. zu § 376 Anm. 4 u. zu § 381 Gesagte maßgebend, nicht aber die Begriffsbestimmung des § 1 DepGes. Den weiteren Begriff der Wertpapiere hat sich das Gesetz gerade dadurch angeeignet, daß die vorgesehene Voraussetzung, es müsse eine amtliche Kursfeststellung stattgefunden haben, aus dem Entwurf gestrichen wurde, um auch ausländische Wertpapiere zuzulassen. Wertpapiere sind danach nicht: Sparkassenbücher, Pfandscheine, Versicherungspolicen, Hypotheken-, Grundschuld- und Rentenbriefe, Gesellschaftsanteile, Wechsel (vgl. auch § 368 Anm. 1 u. § 369 Anm. 14ff., obgleich § 96 BörsGes. Wechsel den Wertpapieren gleichstellt). Schecks, kaufmännische Anweisungen und Verpflichtungsscheine, Konnossemente, Ladescheine und Lagerscheine sind gleichfalls keine geeigneten Gegenstände — mögen sie auch indossabel sein. Diesen Papieren gebührt wohl die Bezeichnung als Wertpapiere im weiteren Sinne (§ 1 Anm. 39ff.); allein man kann sie nicht als Wertpapiere bezeichnen, die an Börsen gehandelt werden und daher einen Kurs haben. Gerade diese Papiere wollte der RegEntw. ausschließen. Die Kommission wollte hieran nichts ändern (vgl. KB. S. 63 u. Abg. Kaempf in der Reichstagssitzung vom 7. 4. 08 RTProt. S. 4755). Der Bankier, welchem sein Privatkunde einen ungeeigneten Gegenstand als Sicherheit anbietet, darf dieses Angebot nicht annehmen, sondern er muß es ablehnen. Er kann sich aber von dem Kunden den Auftrag erteilen lassen, die ungeeigneten Werte zu veräußern, an deren Stelle dem Gesetze entsprechende Werte für den Kunden anzuschaffen. Soll aus dem Erlös ein Bardepot werden, so ist das über das Bardepot oben Bemerkte zu beachten und die Buchung dementsprechend vorzunehmen.

Ein Umtausch der geleisteten Sicherheit gegen eine Sicherheit anderer Art kann nicht einseitig vorgenommen werden (hierüber unten Anm. 43). Darüber, wie es sich verhält, wenn mit fremdem Eigentum vom Verpfänder Sicherheit geleistet wird, siehe Ausführliches zu § 366 Anm. 53, §§ 367 u. 368.

Der **Sicherheitsbesteller muß seinem Vertragsgegner eine schriftliche** Anm. 37. **Verpfändungserklärung ausgestellt haben.** In dieser Urkunde muß die ausdrückliche Erklärung enthalten sein, daß die Sicherheit zur Deckung von Verlusten aus Börsentermingeschäften dienen soll. Wird die Sicherheit in Wertpapieren gestellt, so muß die Erklärung diese Wertpapiere nach Gattung und nach Zahl oder Nennwert bezeichnen. Mehr darf diese Erklärung nicht enthalten. Das ist unter Androhung der Nichtigkeit der ganzen Erklärung und damit der ganzen Sicherheitsleistung durch § 54 Abs. 5 BörsGes. vorgeschrieben, damit sich der Besteller über die Tragweite seiner Erklärung nicht selbst täusche und ihm nichts von seinem Vertragsgegner verschleiert werden kann. Die **Form der Erklärung** ist also die einseitige gesetzliche Schriftform, deren Erfordernisse hinsichtlich der Unterschrift und der Eigenhändigkeit zu § 350 Anm. 42ff. entwickelt sind. Die Erklärung braucht nicht vom Aussteller ganz geschrieben zu sein; es genügt die eigenhändige Unterschrift eines gedruckten Formulars, das auch vom Bankier ausgefüllt sein kann; denn die Unterschrift deckt den darüber befindlichen Text (§ 350 Anm. 69). Die Unterschrift eines Blanketts genügt nicht. Der Aussteller muß seine Erklärung schriftlich vor Augen haben (Hemptenmacher § 54 Bem. 8). Aber wie bei der rechtsgeschäftlich vorgeschriebenen Schriftform, genügt auch telegraphische Übermittlung der ganzen Erklärung und kann nachträglich eine schriftliche Bestätigung ähnlich wie bei § 127 BGB. verlangt werden (§ 54 Abs. 6 BörsGes.). — In der Erklärung muß also **ausdrücklich** bemerkt

Erl. zu § 376.

Anm. 37. sein, daß die Sicherheit für Verluste aus Börsentermingeschäften haftet. Aus den Materialien ergibt sich, daß das „ausdrücklich" in schärfster Bedeutung gemeint ist. Die Ausdrücklichkeit muß sich aus der schriftlichen Erklärung unmittelbar ergeben, so daß eine Sicherheitsbestellung bloß unter Bezugnahme auf § 54 BörsGes. unwirksam ist (Jacusiel in LZ. 08, 577; vgl. § 384 Anm. 46). Außerdem muß die Erklärung, wenn die Sicherheit in Wertpapieren bestellt wird, deren Gattung und die Zahl der Stücke oder an Stelle der Zahl den Nennwert angeben. Die Angabe weiterer Unterscheidungsmerkmale, insbesondere der Nummern ist (anders § 3 DepGes.) nicht zu fordern, weil von deren Angabe die Wirksamkeit einer Verpfändung nicht abhängt, ebensowenig wie die Wirksamkeit einer Eigentumsübertragung (§§ 383 Anm. 28ff., 33ff. insbesondere 35), und weil der Bankier, der Papiere aus Auftrag seines Kunden anschafft, sofort mit der Anschaffung, nicht erst, wenn er die Nummern erfahren und weitergegeben hat, Sicherheit haben muß. Aus demselben Grunde bedarf es auch nicht der Bezeichnung jedes einzelnen Börsentermingeschäfts, sondern es kann die Sicherheit ganz allgemein für alle Geschäfte bestellt werden. Die Urkunde muß daher so lauten: Der X Bank bestelle ich hiermit Sicherheit in unten verzeichneten Wertpapieren. Diese Sicherheit soll zur Deckung von Verlusten aus sämtlichen Börsentermingeschäften in Wertpapieren dienen, die ich mit obenbezeichneter Bank abgeschlossen habe und künftig abschließen werde. Hierunter folgt nun die Bezeichnung der zur Sicherheit gestellten Papiere nach Gattung und Stückzahl oder Nennwert, sowie Datum und Unterschrift des Verpfänders. Soll ein Umtausch dieser Wertpapiere gegen andere Wertpapiere erfolgen, so muß diese Umtauscherklärung wiederum allen Erfordernissen der ursprünglichen Erklärung genügen; sie hat daher zu lauten: Durch meine Erklärung vom .... habe ich der X Bank zur Deckung von Verlusten aus allen Börsentermingeschäften in Wertpapieren Sicherheit in folgenden Wertpapieren bestellt (folgt die Aufzählung); an Stelle dieser Papiere bestelle ich hiermit für alle Börsentermingeschäfte, die ich mit dieser Bank in Wertpapieren abgeschlossen habe und künftig abschließen werde, folgende Wertpapiere zur Sicherheit (folgt die Aufzählung, Datum und Unterschrift).

Anm. 38. Andere Erklärungen darf das Schriftstück nicht enthalten. Das Gesetz sagt (§ 54 Abs. 3 BörsGes.), andere Erklärungen des „Bestellers der Sicherheit" darf das Schriftstück nicht enthalten. Das Schriftstück darf aber auch keine Erklärungen irgendeiner andern Person enthalten. Das Gesetz denkt sich hier den das Börsentermingeschäft Abschließenden, den Besteller der Sicherheit und den Aussteller der Urkunde als ein und dieselbe Person. Es kann aber auch ein Dritter die Sicherheit bestellen. Alsdann muß der Dritte auch die Erklärung ausstellen und darin aussprechen, daß und für wen er die Sicherheit bestellt. Der Sinn der gesetzlichen Vorschrift ist der, daß für diese Erklärung eine besondere selbständige Urkunde ausgestellt werden muß. Es kann die Erklärung also nicht in eine Vertragsurkunde als deren Bestandteil aufgenommen werden. Es können in der selbständigen Urkunde wohl Erklärungen abgegeben werden, die gleichbedeutend mit dem oben angegebenen Inhalt (oben Anm. 37) sind, es können damit aber nicht weitere Erklärungen verbunden werden, die nicht unmittelbar auf die Sicherheitsbestellung Bezug haben. Daher ist die Nummernangabe der Wertpapiere zulässig, ebenso die Angabe von Orts- und Zeitdatum; ferner müssen Zusätze zulässig sein, welche eine Befristung, Bedingung, Beschränkung der Haftung auf einen bestimmten Betrag usw. bedeuten. Das sind allerdings „andere" Erklärungen, aber zulässige. Die Urkunde darf jedoch nicht ein Saldoanerkenntnis oder einen Kauf- oder Verkaufsauftrag enthalten, obgleich ein solcher Auftrag strenggenommen keine Erklärung ist. Das Gesetz will, daß dem Aussteller der Urkunde seine Verpflichtung ohne alles Beiwerk vor Augen trete.

Anm. 39. Einen Zeitpunkt für Abgabe dieser Erklärung gibt das Gesetz nicht an. Jedenfalls genügt die Abgabe vor und bei Abschluß des Geschäfts. Es muß aber auch genügen, wenn die Erklärung nach Abschluß des Geschäfts erfolgt; denn das erlaubte Börsentermingeschäft ist nicht nichtig wie das verbotene Börsentermingeschäft, sondern heilbar

und erfüllbar. Diese Erklärung muß, weil sie die Verpfändungserklärung darstellt, dem **Erl. zu**
Bankier auch zugegangen sein (über das Zugehen § 350 Anm. 42; vgl. auch Erl. zu § 361 **§ 376.**
Anm. 4ff.). Anm. 39.

Die Erklärung ist widerruflich, solange das Börsentermingeschäft, dessen Sicherung bezweckt war, noch nicht abgeschlossen ist. Der Privatkunde kann daher jederzeit erklären, daß die Sicherheit oder ein bestimmter Teil für neu abzuschließende Geschäfte nicht mehr haften soll. Die Widerruflichkeit kann nicht durch Vertrag ausgeschlossen werden. Anm. 40.

Ferner ist regelmäßig körperliche Übergabe des Geldes oder der Wertpapiere erforderlich. Ein Zeitpunkt für die Übergabe ist vom Börsengesetz nicht bestimmt. Es gelten also die allgemeinen Regeln über Pfandbestellung an beweglichen Sachen, Inhaber- und Orderpapiere (hierüber § 368 Anm. 13ff.). Vergleiche auch oben Anm. 35. Anm. 40a.

γγ) Nur eine derart bestellte Sicherheit verleiht dem Geschäft Rechtswirksamkeit, und zwar ist die Sicherheit rechtswirksam in dem Augenblick bestellt, in dem die schriftliche Verpfändungserklärung dem Bankier zugegangen ist und dem Bankier die Pfandgegenstände übergeben sind; fehlt es an irgendeinem der aufgezählten Erfordernisse (enthält z. B. die Erklärung des Bestellers Verbotenes; oben Anm. 38), so ist nicht allein die Sicherheitsbestellung als nicht geschehen zu betrachten, sondern es entbehrt das ganze Geschäft der Rechtswirksamkeit; die Sicherheit kann zurückgefordert werden, und aus dem Börsentermingeschäft sind keinerlei Ansprüche entstanden. Genügt aber die Sicherheitsbestellung den oben Anm. 33—40 aufgezählten Erfordernissen, so hat die damit begründete Rechtswirksamkeit nicht die gleichen Folgen für den Besteller (den Kunden) und für den Empfänger der Sicherheit (den Bankier). Anm. 41.

Der **Privatkunde** haftet nur mit der Sicherheit, und nicht darüber hinaus persönlich. Der Bankier (Empfänger der Sicherheit) wird Pfandgläubiger. Der § 54 Abs. 1 BörsGes. räumt dem Bankier allerdings nur die Befugnis ein, aus der Sicherheit Befriedigung zu suchen. In den Materialien läßt sich keine Stelle nachweisen, die mit voller Bestimmtheit sich zu der Ansicht bekennt, daß hier eine einfache Verpfändung vorliegt. Es kann aber nichts anderes gemeint sein, als daß mit der Empfangnahme der Sicherheit und der schriftlichen Erklärung des Bestellers der Sicherheit kraft Gesetzes zugunsten des Bankiers an der „Sicherheit“, d. h. an dem Geld und an den Wertpapieren ein Pfandrecht entsteht, auf welches die Grundsätze des durch Vertrag entstandenen Pfandrechts nach § 1257 BGB. Anwendung finden. Ein Pfandrecht scheint auch Hemptenmacher § 54 Anm. 6 u. 10 anzunehmen — und keine Sicherungsübereignung nach § 368 Anm. 94ff. —: jedoch soll nach jener Meinung der Bankier Eigentümer des Geldes werden (dagegen mit Recht Jacusiel LZ. 08, 578 u. oben Anm. 36). Im übrigen ist hinsichtlich der Pfandbestellung auf das zu § 368 Anm. 8ff. u. 13ff. Ausgeführte hinzuweisen. Hat der Kunde seinem Bankier den Auftrag zur Anschaffung von Wertpapieren erteilt, welche dem Bankier sodann als Sicherheit dienen sollen (oben Anm. 37), so ergibt sich eine Eigentümlichkeit. Der Einkaufskommissionär erwirbt zunächst das Eigentum, das er sodann auf seinen Kunden (den Kommittenten) erst übertragen muß. Ohne diese Übertragung des Eigentums auf seinen Kunden kann der Kommissionär kein Pfandrecht erwerben; denn an eigener Sache gibt es kein Pfandrecht. Die Eigentumsübertragung auf den Kommittenten geschieht regelmäßig durch constitutum possessorium, d. h. in der Weise, daß der Kommissionär als auftragsloser Geschäftsführer des Kommittenten mit sich selbst den erforderlichen Besitz und Eigentumsübertragungsakt vornimmt (über das Nähere § 383 Anm. 28ff., 33ff. insbes. 35). Auch die zu § 366 Anm. 53ff. dargestellten Grundsätze über den gutgläubigen Erwerb eines Pfandrechts kommen zur Anwendung. Jedoch ist dazu etwas zu bemerken: hatte ein Kaufmann im Betriebe seines Handelsgewerbes die Sicherheit gestellt, so braucht sich die Gutgläubigkeit des Pfandgläubigers nur auf das Verfügungsrecht des Verpfänders zu erstrecken. Der Pfandgläubiger erwirbt in diesem Fall auch dann ein Pfandrecht, wenn der Verpfänder nicht Eigentümer war und der Pfandgläubiger dies wußte. Der Eigentümer kann den Pfand- Anm. 42.

Exk. zu § 376. Anm. 42. gläubiger nicht aus ungerechtfertigter Bereicherung in Anspruch nehmen (§ 366 Anm. 18; § 368 Anm. 56). Dieser Grundsatz gilt im Handelsrecht auch dann, wenn der Verpfänder zu Unrecht im Handelsregister eingetragen war. Das Börsengesetz gibt aber dem zu Unrecht eingetragenen Minderkaufmann den Registereinwand (oben Anm. 18). War nun der Verpfänder ein solcher zu Unrecht eingetragener Minderkaufmann oder Handwerker, so reicht der gute Glaube des Pfandnehmers an die Verfügungsmacht des Pfandbestellers nicht aus; denn der Pfandbesteller gilt nach dem Börsengesetz nicht als Kaufmann, wenn er zu Unrecht eingetragen war. Der Pfandnehmer muß hier ohne grobe Fahrlässigkeit das Nichteigentum des Verpfänders nicht gekannt haben. War der Verpfänder aber mit Recht eingetragener Kaufmann, so ist die Pfandbestellung schon deshalb vollwirksam, weil beide Teile Vollkaufleute sind (oben Anm. 17 u. 26).

Anm. 43. Die Wirkungen der Sicherheitsleistung stimmen mit den Wirkungen des Pfanderwerbs überein (hierüber § 368 Anm. 32ff.). Das bare Geld und die Wertpapiere haften danach für Verluste aus Börsentermingeschäften allgemein oder aus dem bestimmten bezeichneten Geschäft. Der Pfandgläubiger darf nicht etwa mit Forderungen aus Börsentermingeschäften aufrechnen (hierüber unten Anm. 51) und nachher die Sicherheit für Ansprüche aus anderen Geschäften, für die die Sicherheit nicht bestellt war, angreifen. Steht der Pfandgläubiger mit seinem Kunden in Kontokorrentverkehr, so haftet die Sicherheit für das sich aus diesem Verkehr ergebende Saldo (das Nähere unten Anm. 58). — Der Pfandgläubiger muß das Pfand (auch das Geld) gehörig aufbewahren (§ 1215 BGB., §§ 1ff. DepGes.) und nach Erlöschen der Forderungen zurückgeben; denn der Besteller der Sicherheit bleibt Eigentümer, wenn er seine eigene Sache verpfändet hat (§ 368 Anm. 38ff.; § 366 Anm. 54). Es gelten im übrigen die Grundsätze des Bankverwahrungsgeschäfts, wie sie zu § 368 Anm. 87, § 367 Anm. 2 u. im Exk. zu § 424 dargestellt sind. Dort ist auch ausgeführt, daß eine Vereinbarung, wonach der Bankier nur gleichartige Papiere zurückzugeben braucht, unter bestimmten Voraussetzungen nach § 2 DepGes. getroffen werden kann. Die Besonderheit des § 235 BGB., wonach dem Hinterleger beliebiger Umtausch gestattet ist, findet hier keine Anwendung. Es gilt die Regel des Pfandrechts, daß der Pfandgläubiger sich auf einen Umtausch nur einzulassen braucht, wenn Verderb oder wesentliche Verschlechterung des Pfandes zu besorgen ist (§ 368 Anm. 34).

Der Pfandverkauf der verpfändeten Wertpapiere ist dasjenige Recht, welches der ganzen Vorschrift die praktische Bedeutung gibt. Die Voraussetzungen, die Art und die Folgen dieses Zwangsverkaufs sind zu § 368 Anm. 72ff. eingehend dargestellt. Es ist nur noch darauf hinzuweisen, daß es sich hier um Inhaberpapiere und um solche Wertpapiere handelt, die durch Indossament übertragen werden können und einen Börsenpreis haben. Die Pfandverwertung der Inhaberpapiere ist ohne Mitwirkung des Gerichts zulässig, weil sie wie bewegliche Sachen behandelt werden (§ 368 Anm. 72 u. 41ff.), und es darf sogar aus freier Hand verkauft werden, weil sie einen Börsenpreis haben (§ 368 Anm. 48). Auch die hier in Frage stehenden Orderpapiere genießen nach § 1295 BGB. den letzteren Vorzug (§ 368 Anm. 74). — Ist die Sicherheit in barem Geld geleistet, so fallen alle diese Fragen weg. Der Pfandgläubiger kann sich nach Fälligkeit seiner Forderung das Geld aneignen. In diesem Augenblick findet die Ausgleichung statt (so zutreffend v. Staudinger-Kober § 1228 Bem. 1; vgl. dazu die umständlichen Konstruktionen Prot. III 468ff.).

Anm. 44. Für den **Bankier** (Empfänger der Sicherheit) wird das Börsentermingeschäft durch Annahme der Sicherheit voll verbindlich. Er muß seinem Kunden für dessen ganzen Gewinn einstehen, auch wenn er höher ist als der Betrag der ihm geleisteten Sicherheit. Von dieser Verbindlichkeit befreit sich der Bankier nicht durch Zurückgeben der einmal angenommenen Sicherheit (RegBegr. S. 15). Die Zurückgabe hat nur das Erlöschen des Pfandrechts zur Folge (§ 368 Anm. 39). Noch weniger ist es von Bedeutung, wenn die Sicherheit deshalb nicht mehr vorhanden ist, weil der Bankier sie verbraucht hat. Will der Bankier sich von seiner Haftung befreien, so kann er dies nur, wenn Sicherheit für eine noch unbestimmte Zahl von Börsentermingeschäften geleistet ist, und er ablehnt, neue Geschäfte abzuschließen. — Ist das Geschäft so für den Bankier verbindlich, so kann er auch mit seiner Leistung nach §§ 320, 322 BGB. zurückhalten, bis der Kunde seine Gegenleistung bewirkt, und die Einrede des nicht erfüllten Vertrags vorschützen, und zwar nicht nur im Betrag der geleisteten Sicherheit (hierüber Exk. vor § 373 Anm. 76ff.; Exk. zu § 374 Anm. 36ff. u. 76). Dazu ist nur noch zu bemerken, daß die Einrede des nichterfüllten Vertrages von demjenigen nicht vorgeschützt werden kann, der zugleich geltend macht, daß der Vertrag seine endgültige Erledigung gefunden habe, z. B. weil die Voraussetzungen des Rücktritts, der Wandelung, der Unmöglichkeit der Erfüllung vorhanden seien; alsdann muß der Einrede eine solche Form gegeben werden, daß das beiderseitige Rechtsverhältnis seine endgültige Erledigung findet. **Exk. zu § 376.** Anm. 44.

β) **Auch Erfüllungsannahme macht das Geschäft rechtswirksam,** und zwar mit rückwirkender Kraft (§ 57 BörsGes.). Das heißt: hat der eine Vertragsteil seinem Vertragsgegner vor, bei oder nach der Fälligkeit geleistet und hat der Vertragsgegner sich bei oder nach der Fälligkeit damit einverstanden erklärt, daß der Vertrag effektiv erfüllt werden soll, so ist die beiderseitige Absicht, tatsächlich (effektiv) zu erwerben und zu veräußern, erwiesen. Diese in beiderseitigem Einverständnis erfolgte Effektiverfüllung verleiht dem Börsentermingeschäft von Anfang an nach Vorschrift des Gesetzes volle Rechtswirksamkeit. Der Empfänger der Leistung kann nicht mehr einwenden, es liege ein wegen Fehlens der Börsentermingeschäftsfähigkeit unwirksames Börsentermingeschäft vor; er muß nun auch seinerseits vertragsmäßig erfüllen. Hat also der Verkäufer effektiv geliefert, d. h. dem Käufer das Eigentum an der Ware oder dem Wertpapier übertragen oder der Käufer gezahlt und hat im ersten Fall der Käufer, im zweiten Fall der Verkäufer sich einverstanden erklärt, so ist im Augenblick des Zusammentreffens dieser zwei Tatbestandsmerkmale die Heilung eingetreten. Die Leistung selbst kann auch vor der Fälligkeit erfolgen. Die Einverständniserklärung aber, die vor der Fälligkeit erfolgt, ist wirkungslos (darüber wann eine Leistung fällig ist, s. Exk. zu § 372 Anm. 43ff.). Im übrigen macht es keinen Unterschied, ob die Einverständniserklärung der Erfüllung nachfolgt oder vorausgeht. Es kann also die Einverständniserklärung bei oder nach der Fälligkeit (aber nicht vor der Fälligkeit) abgegeben werden und die Leistung selbst nachfolgen. Hieraus ergibt sich, daß die Einverständniserklärung keine Billigung der Leistung als einer vertragsmäßigen, also keinen Verzicht auf etwaige Mängel der Leistung, enthält, sondern nur bedeuten soll, daß nun das Geschäft beiderseits durch Leistung (nicht durch Gegengeschäft wie die Börsentermingeschäfte) erfüllt werden muß. Damit diese Wirkung eintritt, muß die Leistung eine Leistung auf Grund des Geschäftes sein, wie sich § 55 BörsGes. ausdrückt. Die Leistung darf also keiner Rückforderung mehr unterliegen; denn sie muß zum Zweck der Erfüllung nach § 55 BörsGes. gemacht sein. Der § 57 BörsGes. nimmt zwar den § 55 BörsGes. nicht in Bezug; aber es kann die Vorschrift des § 57 nur so gemeint sein, da er von Bewirkung der vereinbarten Leistung spricht, und das kann nur eine Leistung sein, die auf Grund des Geschäfts erfolgt (darüber, was man unter Leistung auf Grund des Geschäftes versteht, s. Näheres unten Anm. 46). Die Einverständniserklärung ist eine einseitige empfangsbedürftige, formlose Willenserklärung, muß also dem Gegner nach § 130 BGB. zugehen (hierüber Exk. zu § 361 Anm. 4ff.) und kann auch stillschweigend abgegeben, also aus den Umständen entnommen werden. Wenn der Bankier seinem Kunden von der Ausführung des Auftrags nach § 384 Mitteilung über effektive Anschaffung gemacht hat und der Kunde daraufhin schweigt und den Verkehr fortsetzt oder gar ein Prolongationsgeschäft abschließt, so kann der Kunde daher nun nicht mehr den Einwand vorschützen, es sei ein Auftrag zum Abschluß eines ungültigen Börsentermingeschäftes gewesen. Dasselbe muß auch wohl angenommen werden, wenn der Kunde rechtswirksam nach Mitteilung von der Ausführung der Einkaufskommission auf Übersendung eines Stückeverzeichnisses (§ 384 Anm. 46) oder auf Übertragung des Eigentums verzichtet und sich mit Gutschrift auf Stückekonto Anm. 45.

Exk. zu § 376. Anm. 45. zufrieden erklärt. Denn in diesem Falle ist durch das Verhalten des Kunden nachträglich ausgemacht, daß die Gutschrift auf Stückekonto die vereinbarte Leistung darstellt (diese Vereinbarung ist statthaft: § 383 Anm. 32); diese Leistung ist auch gemacht und vom Kunden angenommen. Ebenso wird eine Annahme der Leistung vorliegen, wenn das Eigentum an den Papieren auf den Kunden übertragen ist, wozu es ja nicht einmal einer Anzeige an den Kunden oder der Nummerangabe bedarf (§ 383 Anm. 33 ff.) und der Kunde die Dividenden oder Coupons einzieht, oder den Bankier mit Ausübung des Bezugsrechts oder Stimmrechts beauftragt. Dasselbe wird anzunehmen sein, wenn der Einkaufskommissionär mit der Ausführungsanzeige den Vermerk „Stücke zugunsten ihres Depotkontos" verbindet und der Kommittent nun sein Einverständnis zu erkennen gibt. Denn der Kommissionär hat durch den gedachten Vermerk zum Ausdruck gebracht, daß er die Stücke effektiv angeschafft habe und für den Kommittenten in Verwahrung nehmen wolle. Dagegen würde es nicht genügen, wenn der Bankier seinem Kunden bei Übersendung einer Abrechnung erklärt, er habe ihn für den Betrag erkannt, und wenn der Kunde schweigt. Denn dann würde es sich um das Anerkenntnis einer Abrechnung handeln, die nach § 59 BörsGes. unwirksam ist.

Anm. 46. b) **Fehlt es an diesen Voraussetzungen der Rechtswirksamkeit** (Sicherheitsleistung oder Erfüllungsannahme), **so kann doch das tatsächlich Geleistete nicht zurückgefordert werden** (§ 55 BörsGes.) **und ist einseitig erklärte Aufrechnung möglich** (§ 56 BörsGes.). Es ist also eine Art der freiwilligen und eine Art der unfreiwilligen Erfüllung des klaglosen Geschäfts zugelassen.

α) **Das, was auf Grund des Geschäfts zu dessen Erfüllung geleistet worden ist, kann nicht mehr zurückgefordert werden.** Nach § 66 Abs. 4 altes BörsGes. war die Rückforderung dessen ausgeschlossen, was bei oder nach völliger Abwickelung des Geschäfts zu dessen Erfüllung geleistet worden war. Es hatten sich an diese damalige Ausdrucksweise Erörterungen darüber angeknüpft, was unter einer Abwickelung des Geschäfts, insbesondere aber unter einer völligen Abwickelung zu verstehen sei, und wie es sich mit dem vor der Abwickelung Geleisteten verhalte (hierüber bish. Exk. zu § 376 Anm. 21). Nun ist zwar durch die neue Fassung ausgesprochen, daß grundsätzlich alle Leistungen, auch die vor der Abwickelung gemachten, nicht zurückgefordert werden können, und daß namentlich das Geschäft nicht völlig abgewickelt zu sein braucht. Dadurch ist aber nicht gesagt, daß nun einfach seitens des Bankiers vom Kunden eine Vorauszahlung begehrt werden könnte, die dann nicht mehr zurückzugeben wäre. Denn es muß die Leistung wie bei den Spielgeschäften (§ 762 Abs. 1 Satz 2 BGB.) auf Grund des bestimmten Geschäfts und zu dessen Erfüllung d. h. so gemacht sein, daß dieses Geschäft durch die Leistung endgültig zum Erlöschen durch Schuldtilgung gebracht wird; ob der Schuldner oder ein Dritter, etwa ein Bürge, für ihn erfüllt, bleibt sich dann gleich. Die Absicht des Leistenden muß aber dahin gehen, ein Börsentermingeschäft, und zwar eine bestehende Verbindlichkeit aus einem solchen Geschäft, zu erfüllen. Der Begriff der Erfüllung erfordert also einmal Unwiderruflichkeit der Leistung (aber nicht Unbedingtheit der Leistung), sodann eine Leistung, die keine persönliche Verbindlichkeit mehr übrigläßt (RG. 47, 52; bish. Exk. zu § 376 Anm. 20) und ferner, daß der Leistende den Umfang seines Verlustes als eines feststehenden übersehen kann. Nach diesen Grundsätzen genügt es zum Ausschluß der Rückforderung nicht, wenn der Kunde zahlt, nachdem er Mitteilung über die Ausführung des Auftrags zum Abschluß des Börsentermingeschäfts unter Angabe des Ausführungskurses erhalten hat; es muß dem Kunden vielmehr Mitteilung über die Art und das rechnerische Ergebnis des Geschäfts gemacht sein. Mit anderen Worten: die Terminspekulation muß durch Abschluß eines Gegengeschäfts unter denselben Parteien zum Abschluß gebracht sein, oder es muß ohne Abschluß eines Gegengeschäfts feststehen, daß der Verkäufer nunmehr zu liefern, der Käufer den Kaufpreis oder die Differenz zu zahlen hat. Im Kontokorrentverkehr geleistete Einschüsse sind daher keine Erfüllungsleistungen; denn sie sind nur Aktivposten und nicht

auf ein bestimmtes Geschäft geleistet (RG. 56, 23; JW. 03 Beilage 35 [72]). Hat der Bankier Erk. zu
die Stücke angeschafft, der Kunde einen Teil des Kaufpreises bezahlt und der Bankier den § 376.
Rest gestundet, die Stücke aber für diesen Rest in Depot behalten, so hat der Kunde auf Anm. 46.
Grund des Geschäfts teilweise erfüllt; es gibt keine Rückforderung des Gezahlten. Hat der Bankier dagegen den Kunden auf Stückekonto erkannt, ihm aber die Stücke weder übergeben noch übereignet, so besteht immer noch ein Anspruch des Kunden auf Lieferung der Stücke; zahlt er vor Übergabe der Stücke, so ist das Geschäft noch nicht durch Lieferung erledigt; der Käufer, der nun zahlt, will regelmäßig nicht unwiderruflich leisten, d. h. nicht erfüllen. Dem Begriff der Erfüllung genügt es auch nicht, wenn der Bankier den Kunden bei Eingehung der Verbindung oder bei Erteilung der Aufträge erklären läßt, daß das Guthaben des Kunden oder ein eingezahlter Vorschuß als Anzahlung auf einen (noch gar nicht vorauszusehenden) Verlust gelten soll. Ist der Verlust aber eingetreten, so hat eine solche Erklärung, wenn sie aufrecht erhalten wird, allerdings Erfüllungswirkung (vgl. auch unten Anm. 48).

Als Erfüllung gilt nur Zahlung oder eine der Zahlung gleichstehende Erfüllungsart, Anm. 46a.
also auch Hingabe an Zahlungsstatt (vgl. RG. 47, 52) und die Aufrechnung in bestimmten Grenzen (hierüber unten Anm. 55), nicht aber Pfandbestellung (unten Anm. 48) oder Hingabe eines Wechselakzepts, Wechselausstellung, Indossierung eines Wechsels (hierüber unten Anm. 49) und auch nicht Hingabe eines Schecks oder Ausstellung eines Schecks (unten Anm. 50); insbesondere aber nicht ein Schuldanerkenntnis oder Schuldversprechen (unten Anm. 62), Übernahme einer sonstigen Verbindlichkeit oder Schuldumwandlung (unten Anm. 61 u. 67).

Was hiernach nicht als Erfüllung anzusehen ist, kann als ungerechtfertigte Bereicherung zurückgefordert werden (§ 812 BGB.; RG. 51, 361). Es besteht keine Anstandspflicht das so Geleistete nicht zurückzufordern (§ 814 BGB.), noch verstößt eine Rückforderung gegen die guten Sitten (§ 817 BGB.).

Die Erfüllung der Prolongationsgeschäfte insbesondere. Ist ein Börsen- Anm. 47.
termingeschäft per ultimo unter Begleichung oder Belastung der Ultimodifferenz abgerechnet und alsdann prolongiert, so stellt die Prolongation einen neuen, rechtlich selbständigen Geschäftsabschluß dar. Ist ein auf ultimo Mai abgeschlossener Kauf dadurch prolongiert, daß der Verkäufer dieselben Papiere durch ein zweites Geschäft per ultimo Mai zurückkauft und sie dem ursprünglichen Käufer aufs neue per ultimo Juni verkauft, so ist zwar wirtschaftlich das erste Geschäft nicht durch Gegengeschäft erledigt, sondern auf ultimo Juni prolongiert. Dieser wirtschaftliche Zusammenhang entscheidet jedoch nicht. Rechtlich liegt kein einheitliches Geschäft vor, sondern es stellt jede Prolongation auf den folgenden Ultimo ein neues selbständiges Geschäft vor, das den zur Zeit seines Abschlusses geltenden Gesetzen unterliegt (vgl. RG. 66, 95). Nach dieser Rechtsauffassung wird die Erfüllung des alten Geschäftes, weil es als erledigt, d. h. als abgeschlossen gilt, möglich; es wird erfüllungsfähig (RG. 44, 54; 45, 66; JW. 02, 189 [33]). Anders läge die Sache, wenn lediglich die Erfüllung einen Monat hinausgeschoben, also bloß gestundet wird (vgl. RG. 47, 15; 66, 94), und zwar auch dann, wenn ein Prolongationsreportgeschäft vorliegt (ROHG. 17, 42; RG. 28, 25; JW. 93, 312 [23] u. 447 [7]; dazu Trumpler ZHR. 50, 490; Bondi bei Holdheim 6, 138). Diese Auffassung des Prolongationsgeschäfts wird besonders bedeutsam bei der Erfüllung durch Aufrechnung und durch Anerkennung des Kontokorrentsaldos (hierüber unten Anm. 56 ff.).

αα) Pfandbestellungen und Sicherheitsleistungen sind keine Leistungen auf Grund des Anm. 48.
Börsentermingeschäfts, sondern Leistungen auf Grund eines Nebenvertrages, sollte auch ausdrücklich das Pfand oder die Sicherheit zum Zweck der Erfüllung des Börsentermingeschäfts bestellt worden sein. Wie solche Bestellungen allein wirksam erfolgen können, bestimmt § 54 BörsGes. (oben Anm. 33 ff.; sie können auch nicht als Verbindlichkeitsübernahme aufrecht erhalten bleiben; unten Anm. 63). Wenn daher der Bankier ein dem

Exk. zu § 376. § 54 BörsGes. nicht entsprechendes Pfand veräußert und sich daraus befriedigt, so ist das keine Erfüllungsleistung des Kunden; anders, wenn der Kunde nach Feststellung seines Verlustes aus
Anm. 48. dem Börsentermingeschäft der bereits erfolgten Verwertung zustimmt (JW. 00, 495[7]; RG. im Recht 07, 712, 1558). Es kann auch nicht im voraus die Abrede getroffen werden, daß der Bankier sich für aus Börsentermingeschäften des Kunden etwa entstehenden Ansprüchen aus ihm übergebenen Papieren seines Gegners Befriedigung verschaffen könne; erst nach Feststellung des Verlustes hat eine Zustimmungserklärung des Verlierenden Rechtswirksamkeit (vgl. JW. 96, 660[19]; 97, 608[26]). Zu diesen Sicherheitsleistungen zählen regelmäßig auch die *Einschüsse*, d. h. die gleich bei Eingehung des Geschäfts als Deckung geleisteten Zahlungen (vgl. auch oben Anm. 36 und unten Anm. 55). Ist der Einschuß ausnahmsweise als Abschlagszahlung im Sinne einer unwiderruflichen Erfüllung gemeint, so findet allerdings keine Rückforderung statt; allein von Erfüllung kann nur die Rede sein, wenn dem Schuldner der Umfang seines Verlusts bekannt ist (vgl. RG. 30, 214; 38, 234; JW. 97, 608[26]). Im Kontokorrentverkehr insbesondere sind Einschüsse keine Erfüllungsleistung (oben Anm. 46). Eine bedingte Erfüllung ist gleichfalls unwiderrufliche Erfüllung; allein es ist doch regelmäßig nicht anzunehmen, daß eine Zahlung geleistet wird auf einen Verlust, der vielleicht nicht eintritt. *Nachschüsse* (Zuschüsse) sind regelmäßig Erhöhungen von „zur Erfüllung" gegebenen Deckungen und werden im Verhältnis zu den Schwankungen der Börsenpreise nachgefordert; daher sind sie begrifflich Sicherheiten und können zurückgefordert werden. Anders würde es sich verhalten, wenn die Nachschüsse von Preisschwankungen unabhängig sind; alsdann haben sie den Charakter von Ratenzahlungen und sind Teilerfüllungen. Die *Zahlung der Vorprämie* beurteilt sich von denselben Gesichtspunkten aus nicht als Anzahlung auf einen künftigen Verlust, sondern als Sicherheitsbestellung, ähnlich dem Einschuß (Exk. zu § 348 Anm. 7; a. M. Apt § 55 Anm. 2).

Anm. 49. ββ) *Bei Hingabe von Wechseln* ergeben sich eine Anzahl besonderer Gesichtspunkte, die sich durch die Börsengesetznovelle nicht verschoben haben. Die Hingabe von Wechselakzepten an Zahlungsstatt bedeutet die Eingehung einer nach § 59 BörsGes. unwirksamen Verbindlichkeit zum Zweck der Erfüllung der Börsenterminschuld, nicht aber Erfüllung nach § 55 BörsGes. Dies wurde schon früher angenommen. Jetzt steht dieser Auffassung noch § 59 BörsGes. zur Seite (hierüber unten Anm. 64). Wegen der Einzelheiten darf deshalb auf die eingehenden Ausführungen im bish. Exk. zu § 376 Anm. 22—24 verwiesen werden. Wird ein Akzept für zum Teil gültige und klagbare, zum Teil aber nicht klagbare, sondern nur erfüllbare, aus Börsentermingeschäften stammende Schulden gegeben, ohne daß zwischen beiden Schuldarten unterschieden worden wäre, so kann die Einrede aus den nicht klagbaren Börsentermingeschäften erst nach Tilgung der klagbaren Schulden beachtet werden (RG. im BankA. 08, 332).

Anm. 50. γγ) Von *Verpflichtungsscheinen* und *Schecks* gilt das Entsprechende wie bei Wechseln.

Anm. 51. β) **Eine wirksame Aufrechnung schließt gleichfalls die Rückforderung aus.** Sie steht der Erfüllungsleistung gleich. Die Börsengesetznovelle hat eine besondere Art einseitig erklärter Aufrechnung geschaffen, neben welcher die vertragsmäßige Aufrechnung aber ihre Bedeutung behält.

αα) Die **einseitig** *erklärte Aufrechnung* (§ 56 BörsGes.). Hat der Privatkunde dem Bankier Sicherheit gemäß § 54 BörsGes. bestellt, so haftet der Bankier für alle aus dem Börsentermingeschäft für ihn entstehenden Verluste in vollem Umfange, während der Privatkunde nur die gestellte Sicherheit einbüßen kann, wenn er der verlierende Teil ist (oben Anm. 42 u. 44). Der Bankier kann also die Erfüllung desjenigen Börsentermingeschäfts, das ihm Verlust gebracht hat, nicht mehr verweigern, sobald er die ihm für dieses Geschäft bestellte Sicherheit angenommen hat; der Privatkunde kommt so zu seinem Gewinn. Hat der Privatkunde nun ein zweites Börsentermingeschäft mit dem Bankier gemacht, ohne daß Sicherheit geleistet war, so kann der verlierende Privatkunde dieses Geschäft überhaupt zurückweisen; der Privatkunde könnte sich so einem Verluste entziehen. Ebenso würde die

Sache liegen, wenn der Gewinn des Bankiers den Betrag der erhaltenen Sicherheit übersteigt. Für den Überschuß ginge er leer aus, müßte aber, wenn § 56 BörsGes. nicht vorhanden wäre, dem Kunden, der ein anderes Geschäft unter Sicherheitsbestellung mit ihm gemacht hat, den Gewinn voll bezahlen. Dieser Unbilligkeit hilft § 56 BörsGes. ab. Ist dem Bankier nämlich Sicherheit gestellt, so hat er insoweit eine Forderung, die durch diese Sicherheit zu befriedigen ist. Soweit der Bankier aus dieser Sicherheit Befriedigung erhalten hat oder auch nur erhalten kann, steht ihm keine Forderung zu. Nur für den so ungedeckten Überschuß ist für ihn, wie sich § 56 BörsGes. ausdrückt, nach §§ 52, 54 BörsGes. keine Forderung begründet. Der Bankier muß sich also zuerst an die Sicherheit halten. Der ungedeckte Überschuß aber ist zur Aufrechnung nach § 56 BörsGes. geeignet. Zur Ausgleichung der oben dargestellten Unbilligkeit verfügt § 56 BörsGes. also, daß die Partei, die Gewinne aus gültigen Börsentermingeschäften für sich in Anspruch nimmt, sich die der Gegenpartei aus ungültigen, aber erlaubten Börsentermingeschäften zukommenden Gewinne in Abzug bringen lassen muß. Das heißt: der gewinnende Bankier kann seine durch die Sicherheit ungedeckte Restforderung durch eine dem § 388 BGB. entsprechende Aufrechnungserklärung selbst gegen den Willen des Privatkunden gegenüber dessen rechtswirksamen Börsenterminforderungen aus anderen Geschäften zur Aufrechnung bringen — vorausgesetzt, daß die Forderung des Bankiers zur Zeit seiner Aufrechnungserklärung an sich fällig ist. Ist die Forderung des Bankiers im Zeitpunkt der Aufrechnungserklärung noch nicht fällig gewesen, so ist die Aufrechnungserklärung wirkungslos; sie muß, wenn die Fälligkeit erst später eintritt, wiederholt werden. Dies ergibt sich aus § 387 BGB. Die einseitige Aufrechnung des § 56 BörsGes. ist aber nicht auf den Fall der Sicherheitsleistung des § 54 BörsGes. beschränkt (a. M. Hemptenmacher § 56 Bem. 1). Denn ganz gleich liegt der Fall, wenn ein ungültiges erlaubtes Börsentermingeschäft durch Erfüllungsannahme nach § 57 BörsGes. (oben Anm. 45) geheilt ist; durch diese Heilung entsteht eine klagbare Forderung; gegen diese letztere kann die Gegenpartei ihre nicht klagbaren Forderungen aus anderen erlaubten, aber ungültigen Termingeschäften aufrechnen, obgleich die Erfüllung dieser Forderung an und für sich verweigert werden kann. Ebenso können überhaupt gegen klagbare Terminforderungen solche Forderungen aus erlaubten Termingeschäften aufgerechnet werden, die deshalb nicht klagbar sind, weil sich nicht nach § 53 BörsGes. börsentermingeschäftsfähige Personen gegenüberstanden (oben Anm. 17 ff.). Nach Apt § 56 Bem. 1 soll § 56 die Aufrechnung von Ansprüchen aus unwirksamen Börsentermingeschäften gegen Ansprüche aus solchen Geschäften aussprechen. Allein § 56 BörsGes. beginnt mit den Worten: „Gegen Forderungen aus Börsentermingeschäften." Damit können nur gültige, klagbare Forderungen, nicht aber Forderungen aus unwirksamen Termingeschäften gemeint sein (vgl. RegBegr. zu § 57 des Entw.). Erl. zu § 376. Anm. 51.

Diese Art der Aufrechnung beschränkt sich auf die Aufrechnung von Forderungen aus erlaubten ungültigen Börsentermingeschäften mit Forderungen aus klagbaren, also erlaubten und gültigen Börsentermingeschäften. Verbotene Börsentermingeschäfte sind gemäß § 52 BörsGes. von der Bevorzugung des § 56 BörsGes. ausgeschlossen. Forderungen aus Geschäften, die nicht Börsentermingeschäfte in dem oben Anm. 7 ff. dargelegten Sinne, sondern etwa Kassageschäfte sind, kommen gleichfalls nicht in Betracht — mag auch die Börsentermingeschäftsfähigkeit beiderseits vorhanden sein. Auch findet diese Aufrechnung nicht gegen einen Anspruch auf Rückgabe einer Sicherheit (Einschuß, Nachschuß) statt; denn dieser Anspruch ist kein Anspruch aus einem Börsentermingeschäft in dem hier maßgebenden Sinne, sondern aus einem Nebengeschäft. Eine zeitliche Grenze ist der Aufrechnungsmöglichkeit nicht gezogen. Die aufzurechnende Forderung braucht also nur zur Zeit der Aufrechnung bestanden zu haben (unten Anm. 54). Anm. 52.

Die Aufrechnung ist nicht auf die ursprünglichen Kontrahenten beschränkt. Der § 56 BörsGes. lautet ganz allgemein. Es ist also nicht erforderlich, daß die Forderung, welche zur Aufrechnung gegen eine klagbare Börsenterminforderung verwendet wird, aus einem Anm. 53.

Exk. zu § 376. Anm. 53. Börsentermingeschäft stammen müßte, welches gerade der Aufrechnende mit dem Aufrechnungsgegner geschlossen haben müßte. Es kann daher der Schuldner, welcher sich gegen einen Anspruch aus einem klagbaren Börsentermingeschäft schützen will, zum Zweck der Aufrechnung die Forderung eines Dritten gegen den Gläubiger aus einem nicht klagbaren Börsentermingeschäft (also eine aufrechnungsfähige Forderung) sich abtreten lassen, und zwar ebensogut, wie er sich jede andere Forderung abtreten lassen könnte. Eine andere Frage ist es, ob derjenige, welcher aus Börsentermingeschäften eine klagbare Forderung erlangt, zugleich aber an seinen Schuldner aus nicht klagbaren Börsentermingeschäften (nicht einklagbare, aber doch aufrechnungsfähige) Beträge verloren hat, die klagbare Forderung einem Dritten abtreten kann, um die Aufrechnung zu vereiteln. Eine solche Abtretung ist jedenfalls nicht mehr möglich, sobald die Aufrechnung erklärt ist (§ 389 BGB.), vorausgesetzt, daß die beiden Forderungen bereits aufrechenbar bestehen (§ 387 BGB.). Einer solchen Abtretung steht ferner die Einrede der Arglist entgegen, wenn der Dritte mit dem Abtretenden kollusionsweise zusammengewirkt hat (§ 346 Anm. 19 und Exk. zu § 346 Anm. 9). War der Dritte aber gutgläubig, so gilt lediglich die allgemeine Regel des § 406 BGB. Daß § 56 BörsGes. von dieser Regel habe eine Ausnahme machen wollen, läßt sich weder aus dem Wortlaut noch aus seiner Entstehungsgeschichte ableiten.

Anm. 54. Die aufrechenbare, aber unklagbare Forderung muß zur Zeit der Aufrechnung noch bestehen. Denn eine bezahlte oder sonst erloschene Forderung lebt nicht wieder auf (§ 389 BGB.). Daher darf die unklagbare Forderung nicht bereits bezahlt oder auf dem Wege vertragsmäßiger Aufrechnung, insbesondere durch Kontokorrentanerkennung getilgt sein (vgl. hierüber unten Anm. 57f.).

Anm. 55. ββ) Die auf Grund eines **Aufrechnungsvertrags** eintretende Aufrechnung wirkt gleich einer Zahlung als Erfüllung, wenn die beiden Forderungen, die sich aufheben sollen, zur Zeit des Vertragsabschlusses auf beiden Seiten bestanden (RG. 35, 288; JW. 96, 160 [76] und 661 [19]). Jedoch ist auch eine Abrede dahin zulässig, daß eine bestimmte Börsenterminschuld durch eine erst in der Entstehung begriffene künftige Gegenforderung im Augenblick der Entstehung der letzteren getilgt sein solle; auf diesem Satze beruht die aufrechnende Wirkung des anerkannten Kontokorrentsaldos (JW. 97, 608 [26]; JW. 02, 189 [32 u. 33]; unten Anm. 56). Es ist zwar eine Vereinbarung unzulässig, welche vor Feststellung des Ergebnisses eines Börsentermingeschäfts dahin getroffen wird, daß der Gläubiger vom Schuldner im voraus als Depot gegebene Wertpapiere oder Vorschußzahlungen (Einschüsse) zu seiner Befriedigung im Aufrechnungsweg verwende, sobald sich für den Schuldner ein Verlust ergibt (oben Anm. 48; vgl. auch oben Anm. 46); wohl aber ist eine solche Vereinbarung möglich und rechtswirksam, wenn sie getroffen wird, nachdem das Geschäft durch Feststellung des rechnungsmäßigen Ergebnisses erledigt ist. Auch eine Vereinbarung des Inhalts ist rechtsunwirksam, daß der Bankier auf die Depots des Kunden Vorschüsse geben und diese Vorschüsse nachher gegen die Terminschuld verrechnen soll (RG. 47, 52; JW. 97, 608 [26]). Es muß also zur Zeit der Vereinbarung der Verlust aus dem Börsentermingeschäft entweder feststehen, oder es muß der Verlierende nach Eintritt des Verlustes die Aufrechnung genehmigt haben (JW. 97, 608 [26]; vgl. RG. 38, 238). In diesem Fall kann der Kunde dem Bankier wirksam Wertpapiere zum Zweck der Veräußerung und Aufrechnung übergeben. Eine einseitig erklärte Aufrechnung ist hier also wirkungslos (RG. 44, 55). Liegt aber eine beiderseitige auf Aufrechnung gerichtete Willenserklärung im obigen Sinne vor, so liegt darin kein Anerkenntnis des verbleibenden Restes nach § 781 BGB., sondern eine nach § 782 BGB. formlos gültige Abrechnung (vgl. JW. 02, Beil. 35 [72]).

Anm. 56. Das Anerkenntnis eines Kontokorrentsaldos bildet eine Art der vertragsmäßigen Aufrechnung. Hier wird diese Frage bedeutsam, wenn in dem Kontokorrent Schulden aus ungültigen aber erfüllungsfähigen Börsentermingeschäften, als auch Schulden anderer Art enthalten sind. Die sich hierbei ergebenden Gesichtspunkte und Möglichkeiten sind des Eingehenden zu § 355 Anm. 2ff., 30f. und im bish. Exk. zu § 376 Anm. 16—18 erörtert. Es darf hierauf zur Vermeidung von Wiederholungen verwiesen werden. Im allgemeinen ist nur erneut hier daran zu erinnern, daß es im Kontokorrentverkehr keine Anrechnung von Zahlungen auf bestimmte Schuldverhältnisse gibt, also nicht behauptet werden kann, der Terminschuldner habe den oder jenen Posten durch seine Zahlung getilgt (vgl. RG. 56, 22). Alle Zahlungen sind nur Aktivposten, wenn nichts Gegenteiliges vereinbart wird; sie finden nur Beachtung durch Verrechnung mit den gegenüberstehenden Passivposten und gehen in dem sich so ergebenden Saldo auf. Das Saldoanerkenntnis steht einem Schuldanerkenntnis gleich und ist daher nach § 59 BörsGes. wirkungslos — jedoch nur als Schuldanerkenntnis. Das Saldoanerkenntnis enthält außer dem Anerkenntnis des Saldos aber auch eine nachträgliche Anerkennung der bei Eingehung des Kontokorrents getroffenen Vereinbarung, daß die Tilgung der beiderseitigen Forderungen durch Aufrechnung erfolgen soll und eine nachträgliche Genehmigung der dementsprechend vollzogenen Aufrechnung, die nun eine vertragsmäßige auch in ihrem Ergebnisse ist und der Erfüllung gleichsteht (oben Anm. 55). **Exk. zu § 376.** Anm. 56.

Gleichen sich Kredit- und Debetposten aus, so hat kein Teil an den anderen mehr etwas zu fordern. Die im Kontokorrent enthaltenen gegenseitigen Ansprüche aus erlaubten Börsentermingeschäften sind durch vertragsmäßige Aufrechnung, d. h. Erfüllung nach § 55 BörsGes. getilgt (oben Anm. 46). Von dieser Wirkung der Aufrechnung werden auch Prolongationsgeschäfte (oben Anm. 47) und die Einschüsse (oben Anm. 48) mitumfaßt. Alles dies ist bereits zu § 355 Anm. 7 u. 30ff. sowie im bish. Exk. zu § 376 Anm. 16—18 eingehend dargestellt. Die Novelle zum Börsengesetz hat hier keine Änderung gebracht. Anm. 57.

Gleichen sich Kredit- und Debetposten nicht aus, bleibt also ein Saldo übrig, so ist zu unterscheiden: 1. Besteht das Kontokurrent lediglich aus ungültigen (erlaubten) Börsentermingeschäften, so ist das Saldoanerkenntnis nach § 59 BörsGes. unwirksam; aber auch die Aufrechnung ist unwirksam. Denn eine vertragsmäßige Aufrechnung unklagbarer Posten gegen unklagbare Posten gibt es nicht, und die einseitig erklärte Aufrechnung gibt es nur gegen Ansprüche aus gültigen Börsentermingeschäften (oben Anm. 51—54). — 2. Besteht das Kontokurrent nur aus gültigen Börsentermingeschäften, so ist der Saldo durch Anerkenntnis zu einem selbständigen Forderungsposten geworden. Gegen diesen vollen Saldo können aber nach § 56 BörsGes. Ansprüche aus ungültigen (erlaubten) Börsentermingeschäften aufgerechnet werden; denn dem Saldo liegen alsdann Posten aus klagbaren Börsentermingeschäften in einer Höhe zugrunde, welche dem Betrage des Saldos gleichkommen. — 3. Besteht das Kontokorrent zum Teil aus gültigen Börsentermingeschäften, zum Teil aus gültigen Geschäften, die keine Börsentermingeschäfte, z. B. Kassageschäfte oder sog. Lieferungsgeschäfte, sind, so wird der Saldo wiederum durch Anerkenntnis zu einem selbständigen klagbaren Guthaben, wie in dem vorangegangenen Falle. Will nun aber gegen diesen Saldo ein unklagbarer Posten aus einem Börsentermingeschäft nach § 56 BörsGes. (oben Anm. 51—54) aufgerechnet werden, so muß zunächst ermittelt werden, in welchem Verhältnis in dem Saldo Forderungen aus klagbaren Börsentermingeschäften und aus gültigen Geschäften anderer Art enthalten sind, und zwar nach der im bish. Exk. zu § 376 Anm. 18 erläuterten Verhältnisrechnung in entsprechender Anwendung; nur was danach vom Saldo auf klagbare Börsentermingeschäfte entfällt, ist nach § 56 BörsGes. aufrechenbar. — 4. Besteht das Kontokorrent zum Teil aus gültigen, zum Teil aus ungültigen (erlaubten) Börsentermingeschäften, so ist das Saldoanerkenntnis nach § 59 BörsGes. unwirksam, die Aufrechnung aber gültig, und zwar nach dem Grundsatz des § 55 BörsGes., daß ungültige Börsentermingeschäfte erfüllungsfähig sind (oben Anm. 46). Die vertragsmäßige Aufrechnung ist eine Art der Erfüllung (oben Anm. 56). Daher bleibt § 56 BörsGes., welcher die gesetzliche Aufrechnungsbefugnis begründet, hier außer Betracht; er käme nur in Betracht, wenn der Saldo nicht anerkannt ist, also keine vertragsmäßige Aufrechnung vorliegt. Es ist nun gerade, wie dies nach dem alten Börsengesetz zu geschehen hatte, durch Verhältnisrechnung zu ermitteln, wie die durch Anm. 58.

Exk. zu § 376. Anm. 58. die Aufrechnung bewirkte Erfüllung und Tilgung die einzelnen gültigen und ungültigen Posten betrifft, und wie sich dementsprechend der Saldo aus einem klagbaren und aus einem nicht klagbaren Teil zusammensetzt. Es gelten hier die Grundsätze, welche im bish. Exk. zu § 376 Anm. 16—18 entwickelt sind, in entsprechender Anwendung (a. M. nach der Novelle Neukamp BankA. 08, 210). — 5. Besteht das Kontokorrent zum Teil aus gültigen, zum Teil aus ungültigen Börsentermingeschäften, zum Teil aus Geschäften anderer Art, so ist die Aufrechnung gültig, das Saldoanerkenntnis ungültig, und es ist wiederum eine Verhältnisrechuung anzustellen, um zu ermitteln, was in dem Saldo von diesen drei Geschäftsarten enthalten ist. Die Grundsätze für Auflösung des Saldos sind dieselben, wie sie im bish. Exk. zu § 376 Anm. 16—18 und in § 355 Anm. 30f. entwickelt sind.

Anm. 58a. Hat die Bank als Einkaufskommissionärin die Papiere bezogen (Effektiverfüllung ist auch beim Börsentermingeschäft möglich) und im Depotverzeichnis des Kunden diese Papiere aufgeführt, so hat der Kunde an den Papieren das Eigentum erworben (§ 383 Anm. 33ff.). Wird nun der Kunde mit dem Kaufpreis im Kontokorrent belastet und das Kontokorrent anerkannt, so erlangt der Bankier in dem Betrage, in welchem in dem nach obigen Grundsätzen aufzulösenden Saldo zu seinen Gunsten ein klagbarer Saldo entstanden ist, ein Zurückbehaltungsrecht nach §§ 320—322, 273 BGB., eventuell nach § 369 HGB. und ein Pfandrecht nach § 397 Anm. 1ff. (vgl. JW. 03, 434 [9]).

Wird im Urkundenprozeß auf Zahlung eines aufzulösenden Saldos geklagt, so muß der Kläger die Auflösung vornehmen (hierüber bish. Exk. zu § 376 Anm. 47).

Anm. 59. Bisher ist immer unterstellt, daß in dem Kontokorrent nur gültige oder ungültige (aber erlaubte) Börsentermingeschäfte miteinander oder gültige oder ungültige (aber erlaubte) Börsentermingeschäfte mit gültigen Geschäften anderer Art gemischt vorkommen. Die Möglichkeit, daß im Kontokorrent auch Posten aus Differenz- oder Spielgeschäften auftreten, ist bis dahin nicht ausdrücklich, die weitere Möglichkeit aber, daß sich im Kontokorrent auch Posten aus verbotenen Börsentermingeschäften finden, kann hier überhaupt noch nicht berücksichtigt werden. Differenz- und Spielgeschäfte stehen übrigens den klaglosen aber erfüllungsfähigen Börsentermingeschäften gleich (unten Anm. 162). Die verbotenen Börsentermingeschäfte dagegen nehmen teilweise eine Sonderstellung ein (unten Anm. 99).

Anm. 60. γ) Ein Rückforderungsrecht aus sonstigem Grunde ist auch hinsichtlich dessen zulässig, was auf Grund des Geschäfts geleistet worden ist, z. B. wegen Irrtums und Betrugs oder wegen Geschäftsunfähigkeit. Das Nähere hierüber siehe oben Anm. 30 u. 31 sowie Exk. zu § 376 Anm. 26.

Anm. 61. c) **Verbindlichkeiten zum Zweck der Erfüllung unklagbarer Börsentermingeschäfte sind ungültig** (§ 59 BörsGes.).

Anm. 62. α) Für das Schuldanerkenntnis spricht dies § 59 BörsGes. noch besonders aus. Daher ist es einerlei, wenn das Anerkenntnis auch schriftlich (JW. 04, 124 [31]) oder in Form eines abstrakten Anerkenntnisses nach § 781 BGB. abgegeben ist (RG. bei Holdheim 14, 194). Dasselbe Verbot trifft auch das Schuldversprechen in der abstrakten Form des § 780 BGB. Was aber auf ein solches Anerkenntnis oder Versprechen geleistet ist, kann nicht zurückgefordert werden (§ 55 BörsGes.). Dasselbe gilt von einer auf das Anerkenntnis hin bewirkten Erfüllungsannahme (oben Anm. 45). Eine Verrechnung nach § 782 BGB. enthält eine Aufrechnung, also eine Erfüllungsart; die Aufrechnung ist daher gültig. Hierüber und über das Anerkenntnis eines Kontokorrents siehe das Nähere oben Anm. 51ff.

Anm. 63. β) Daher sind auch Pfandverträge und Sicherheitsleistungen ungültig, mögen sie vom Terminschuldner oder von einem Dritten für ihn gegeben sein (vgl. RG. 30, 214; 37, 416; 38, 238; vgl. RG. 35, 289). Solche Verträge gelten auch nicht als Erfüllung (oben Anm. 48). Leistet aber der Dritte freiwillig, indem er die erfolgte Veräußerung genehmigt, oder werden die Pfänder mit Einwilligung des Terminschuldners veräußert und der Erlös zur Deckung verwendet, so ist rechtswirksam erfüllt (oben Anm. 48). Dem dritten redlichen Erwerber eines Pfandstückes kann der Einwand, daß das Pfand für ein ungültiges Börsentermingeschäft bestellt worden, nicht gemacht werden (§ 1138 BGB.). **Erl. zu § 376.**

γ) Auch die **Eingehung einer Wechselverbindlichkeit** gehört zu diesen unstatthaften Vereinbarungen. Darüber, daß unter Umständen doch eine Erfüllungsleistung anzunehmen ist, siehe die eingehenden Erörterungen im bish. Erl. zu § 376 Anm. 22—24 sowie oben Anm. 49. Dasselbe gilt entsprechend von Ausstellung von **Verpflichtungsscheinen** und von der Hingabe von **Schecks** (oben Anm. 50). Anm. 64.

δ) **Bürgschaften** für solche Geschäfte sind ungültig (vgl. RG. 37, 216; 38, 238). Zahlt der Bürge, so liegt rechtswirksame Erfüllung vor (oben Anm. 46ff.). Aber der Bürge der zahlt, obgleich er die Zahlung verweigern konnte, verliert seinen Rückgriff gegen den Hauptschuldner (RG. 52, 364; § 349 Anm. 38; vgl. jedoch unten Anm. 68). Anm. 65.

ε) Auch eine **Schuldübernahme** vermag dem ungültigen Börsentermingeschäft keine Wirksamkeit zu verleihen. Im bish. Erl. zu § 376 Anm. 14 siehe das Nähere über die hiergegen erhobenen Bedenken. Anm. 66.

ζ) Die **Umwandlung** einer ungültigen Börsenterminschuld in eine Schuld anderer Art ist ungültig, also auch die Umwandlung in eine Darlehensschuld. Das Nähere hierüber siehe im bish. Erl. zu § 376 Anm. 20. Anm. 67.

d) **Aufträge und Vereinigungen zum Abschluß von Börsentermingeschäften werden in gleicher Weise behandelt wie die Börsentermingeschäfte selbst** (§ 60 BörsGes.). Es ist hier lediglich der Inhalt des alten § 66 Abs. 2 BörsGes. wiederholt. Anm. 68.

α) Unter den Begriff der **Aufträge** fallen vornehmlich die Kommissionsgeschäfte. Besitzen nicht Kommittent und Kommissionär („Auftrag und Übernahme") Börsentermingeschäftsfähigkeit (oben Anm. 17—28), sondern nur eine Partei, so erzeugt der Auftrag und dessen Übernahme keinerlei Wirkung (vgl. JW. 03, 318[20]), wenn nicht eine Rechtswirksamkeit durch Sicherheitsleistung nach § 54 BörsGes. (oben Anm. 33ff.) begründet wird oder nachträglich durch Erfüllungsannahme nach § 57 BörsGes. (oben Anm. 45ff.) eine Heilung stattfindet. Jedoch kann das Geleistete nicht mehr zurückgefordert werden (§ 55 BörsGes.; oben Anm. 46ff.) und gibt es eine Aufrechnung unter gewissen Voraussetzungen (§ 56 BörsGes.; oben Anm. 51ff.). Treffen diese Ausnahmen nicht zu, so gibt es keine Übernahme von Verbindlichkeiten zur Erfüllung (oben Anm. 32 u. 61ff.); es kann der Kommittent die Unverbindlichkeit jederzeit geltend machen. Der Kommissionär hat deshalb keinen Schadensersatzanspruch wegen Nichterfüllung. Der Kommittent kann seine Vorschüsse und was er sonst gezahlt hat, vom Kommissionär selbst dann zurückfordern, wenn dieser das Erhaltene an den Gegenkontrahenten des Kommittenten abgeführt hat; denn er hat in eigenem Namen abgeschlossen und muß das ihm vom Kommittenten Gezahlte als an sich gezahlt gelten lassen (RG. 49, 62; 51, 156; JW. 02, 547[18]), folglich bei der Unwirksamkeit des Kommissionsgeschäfts — einerlei, ob er den Selbsteintritt erklärt hat oder nicht — alles Empfangene herausgeben und nicht etwa nur das, was er durch Ausführung des Auftrags gewonnen hat, und wodurch er bereichert wäre; § 818 Abs. 3 BGB. findet keine Anwendung (a. M. Staub DJZ. 03, 19). Nicht einmal Ersatz der Auslagen (Stempel, Provision) gebührt dem Kommissionär (KG. in OLGR. 1, 374). Dadurch, daß das Kommissionsgeschäft ungültig ist, wird jedoch keineswegs das Ausführungsgeschäft ungültig und umgekehrt. — Das Gesetz spricht nur dem Auftrag (und seiner Übernahme) zum Abschluß von Börsentermingeschäften die Rechtswirksamkeit ab; nicht dem Auftrag, den Börsentermingläubiger zu befriedigen, oder ihm Einschüsse zu leisten. Ein solcher Auftrag ist vollwirksam und der Auftraggeber macht sich ersatzpflichtig, wenn der Auftrag vor dem Widerruf ausgeführt ist (RG. 45, 160); nur darf der Auftrag nicht selbst wieder ein verdecktes Börsentermingeschäft sein. Daher ist auch der Auftrag zur Verbürgung oder Verpfändung für eine ungültige Börsenterminschuld rechtswirksam, jedoch bis zur Ausführung widerruflich. Da der Bürge aber dem Gläubiger gegenüber sich der Einrede des Hauptschuldners bedienen und Erfüllung verweigern kann, ja sogar verweigern muß, Anm. 69.

Exk. zu § 376. Anm. 69. wenn er Einreden des Hauptschuldners kennt, so würde er den Rückgriff gegen den Hauptschuldner verlieren (oben Anm. 63 u. 65; § 349 Anm. 38), wenn er trotzdem zahlt. Hiervon ist jedoch der Fall ausgenommen, wenn der Bürge oder Verpfänder zahlen mußte; z. B. weil ausländisches Recht zur Anwendung kam, das ihn zur Zahlung zwang. Läßt sich der Kommissionär „als Aufgabe" bezeichnen, weil der Dritte mit dem Kommittenten selbst das Börsentermingeschäft nicht abschließen will, so steht dem Kommissionär gegen den Kommittenten kein Ersatzanspruch zu, wenn das Geschäft ein ungültiges Börsentermingeschäft war (RG. 66, 91). Ferner muß sich derjenige gleich einem Pseudostellvertreter als Selbstkontrahent behandeln lassen, der für einen nicht genannten Dritten (den Auftraggeber) Börsentermingeschäfte abschließt und hinterher einwendet, sein Auftraggeber besitze die Börsentermingeschäftsfähigkeit nicht (vgl. Exk. zu § 58 Anm. 52 und OLG. Hamburg in SeuffA. 62, 349).

Anm. 70 β) Zu den Vereinigungen gehören insbesondere die Gelegenheitsgesellschaften zum Abschluß solcher Geschäfte und die stille Gesellschaftsbeteiligung beim Geschäftsbetriebe eines Bankiers, wenn sie zum Abschluß von Börsentermingeschäften erfolgt (Mot. 51). Dasselbe gilt aber auch von offenen Handelsgesellschaften, soweit sie den angegebenen Zweck verfolgen; jedoch genügt hier zur Gültigkeit die Eintragung in das Handelsregister (vgl. oben Anm. 17). Vereinigungen zum Abschluß von Börsentermingeschäften sind also nur gültig, wenn jeder Beteiligte die Börsentermingeschäftsfähigkeit besitzt. Besitzt nicht jeder diese Fähigkeit, so kann die Vereinigung trotzdem Rechtswirkungen erzeugen, wenn eine Heilung durch Sicherheitsleistung oder Erfüllungsannahme stattfindet, und es kann das als Erfüllung Geleistete, wozu auch die Aufrechnung gehört, nicht zurückgefordert werden. Es gilt hier dasselbe, was in Anm. 69 oben über den Auftrag gesagt worden ist. Die Vorschrift des § 60 BörsGes. betrifft also nur die Gesellschaftsverträge; sie soll verhindern, daß börsentermingeschäftsfähige Personen sich mit nicht börsentermingeschäftsfähigen vereinigen und die letzteren im Weg der Abrechnung an ihren Börsentermingeschäften beteiligen (Hemptenmacher § 60 Bem. 2). Eine nicht von § 60 BörsGes. berührte Frage ist die, ob die von der Vereinigung oder Gesellschaft geschlossenen Börsentermingeschäfte gültig sind.

Anm. 71. e) Über Darlehen zum Zweck des Abschlusses von ungültigen Börsentermingeschäften gilt dasselbe wie bei Darlehen zum Zwecke des Abschlusses von Differenz- und Spielgeschäften. Über letztere siehe unten Anm. 182, vgl. auch oben Anm. 16.

Anm. 72. f) Gleichgültig ist es, ob das Geschäft im Ausland geschlossen, auch gleichgültig, ob es im Ausland zu erfüllen ist (§ 61 BörsGes.). Der frühere § 68 enthielt die Vorschrift, daß auch im Ausland abgeschlossene oder zu erfüllende Börsentermingeschäfte nur dann gültig sind, wenn beide Teile im Börsenregister eingetragen waren (bish. Exk. zu § 376 Anm. 30). Eine Ausnahme wurde nur gemacht in Ansehung von Personen, die im Inland weder einen Wohnsitz noch eine gewerbliche Niederlassung hatten (bish. Exk. zu § 376 Anm. 36). Hieran ist durch die Novelle zunächst so viel geändert, daß der Ausländer für börsenterminfähig erklärt ist (§ 53 Abs. 2 Nr. 2 BörsGes.; oben Anm. 23). Ist die Gegenpartei des Ausländers gleichfalls börsentermingeschäftsfähig, so ist das Geschäft vollgültig — einerlei, ob das Geschäft im Inland oder im Ausland abgeschlossen oder zu erfüllen ist (oben Anm. 25 ff.). Ist aber die Gegenpartei des Ausländers nicht im Besitze der Börsentermingeschäftsfähigkeit, so ist das Geschäft ungültig — einerlei, ob das Geschäft im Inland oder im Ausland abgeschlossen oder zu erfüllen ist (RG. 43, 91; 44, 52), und bedarf es zur Begründung der Ungültigkeit nicht erst noch der Berufung auf Art. 30 EG. z. BGB. (vgl. RG. 55, 185; JW. 03, 318[20]). Und es ändert sich nichts dadurch, daß die Forderung an einen Inländer abgetreten wird (vgl. RG. 52, 363). Es wird jedoch das Geschäft rechtswirksam durch Sicherheitsleistung nach § 54 BörsGes. (oben Anm. 33 ff.) und durch Erfüllungsannahme (§ 57 BörsGes.; oben Anm. 45 ff.); ferner kann das Geleistete nicht mehr zurückgefordert werden (§ 55 BörsGes. oben Anm. 46 ff.), und findet einseitige Aufrechnung unter bestimmten Voraussetzungen statt (§§ 56, 61 BörsGes.; oben Anm. 51 ff.). Anerkenntnisse und Übernahme von Verbindlichkeiten zu Erfüllungs-

zwecken sind jedoch wirkungslos (§ 59 BörsGes.; oben Anm. 32 u. 61ff.). Die zu ent- **Exk. zu**
scheidende Frage ist hier aber immer zunächst die, ob überhaupt ein Börsentermingeschäft **§ 376.**
vorliegt. Daß durch den Strich des § 48 des alten BörsGes., der eine Begriffsbestimmung Anm. 72.
des Börsentermingeschäfts gab, diese Schwierigkeit beseitigt sei (Hemptenmacher § 61 Bem. 1), ist nicht zuzugeben. Alle Schwierigkeiten bestehen weiter. Es verbleibt auch jetzt durchaus bei den von der Rechtsprechung entwickelten Begriffen, und zwar nimmt der deutsche Richter seine Begriffsbestimmung eines Börsentermingeschäfts zum Maßstab (hierüber oben Anm. 5—14). Danach ist es nicht gerade nötig, daß das Geschäft im Ausland nach hiesigen Börsenbedingungen geschlossen ist; es genügt zur Annahme eines Börsentermingeschäfts, wenn das Geschäft auch nur nach ausländischen Börsenbedingungen geschlossen ist (RG. 43, 91; 44, 52; JW. 03, Beil. 100[225]; a. M. BankA. 05, 124); vorausgesetzt natürlich, daß die Begriffsmerkmale eines Börsentermingeschäfts zutreffen (vgl. JW. 03, 318[20]). Namentlich sind als Börsentermingeschäfte die an der Londoner Börse geschlossenen Geschäfte anzusprechen (JW. 06, 36[46]; dazu BankA. 06, 106). Dasselbe wird von den an der Pariser Börse geschlossenen Geschäften zu sagen sein, weil sie Ultimogeschäfte sind (vgl. über die Verhältnisse an den verschiedenen Auslandsbörsen den Reisebericht des Staatskommissars Hemptenmacher Anl. III zu den Reichstagsdrucksachen Nr. 847, 12. Legislaturperiode I Session 07/08).

Die an ausländischen Börsen wie alle im Ausland gemachten Abschlüsse gehen nicht nach den Regeln vor sich, welche für den offiziellen Terminhandel an inländischen Börsen in § 50 BörsGes. vorgesehen sind; es ist ein Terminhandel in nicht zugelassenen Werten, also ein inoffizieller Terminhandel im Sinne des § 51 BörsGes. (Über diese Unterscheidungen siehe das Nähere oben Anm. 3, 6, 8 u. 28f.). Die sich hieraus ergebenden Folgen sind unten Anm. 78ff. dargelegt. Zu den inoffiziellen (jedoch erlaubten) Börsentermingeschäften gehört auch der Börsenterminhandel in Minenshares der Londoner Börse; denn das Verbot des § 63 Abs. 1 BörsGes. betrifft nur den Terminhandel in Anteilen inländischer Bergwerksunternehmungen (Jacusiel LZ. 08, 580 u. unten Anm. 109). Ist in der Schlußnote ein inländischer Erfüllungsort bestimmt, so richtet sich im Zweifel das ganze Verhältnis nach deutschem Recht (RG. 68, 362; bish. Exk. zu § 372 Anm. 6).

g) Verschieden hiervon ist die Frage, ob ein über ein ungültiges Börsentermin- Anm. 73.
geschäft ergangenes ausländisches Urteil in Deutschland für vollstreckbar erklärt werden kann. Die Frage ist nach § 328 Nr. 4 ZPO. zu verneinen, weil § 61 BörsGes. (oben Anm. 72) ausdrücklich vorschreibt, wie es mit den im Ausland geschlossenen Geschäften selbst dann gehalten werden soll, wenn sie im Auslande zu erfüllen sind. Es würde also die Anerkennung eines ausländischen Urteils gegen den Zweck d. h. gegen das ausdrückliche Gebot des § 61 BörsGes. verstoßen, der unerfahrene Personen vom Börsenspiel fern halten will. Es bedarf zur Versagung der Anerkennung daher nicht erst der Anrufung des Art. 30 EG. z. BGB. (vgl. RG. 55, 183 u. bish. Exk. zu § 372 Anm. 11). Daher kann auch nicht durch Abtretung des Anspruchs aus einem solchen Urteil etwas geändert werden (vgl. RG. 52, 362).

h) Ein Vergleich über eine ungültige Börsenterminschuld ändert an diesen Grundsätzen nichts; Anm. 74.
er ist gleichfalls ungültig. Es gilt hierwegen alles, was im bish. Exk. zu § 376 Anm. 27 dargelegt ist — jedoch mit einigen durch die Novelle verursachten Änderungen: stehen sich beim Vergleich Bankier und Privatkunde gegenüber und wurde vergleichsweise Sicherheit nach § 54 BörsGes. gestellt, so treten auch die dort (oben Anm. 33ff.) vorgesehenen Rechtswirkungen ein. Erfüllungsannahme nach § 57 BörsGes. (oben Anm. 45ff.) hat jedoch keine heilende Kraft, wenn der Vergleich gerade darin besteht, daß das Börsentermingeschäft nicht effektiv erfüllt werden soll — und das wird meistens Vergleichsinhalt sein. Dagegen kann das auf Grund des Vergleichs Geleistete nicht zurückgefordert werden (oben Anm. 46), und steht der Anwendung der oben Anm. 51ff. über die Aufrechnung entwickelten Grundsätze nichts im Wege. Daher ist eine im Vergleich liegende Verrechnung gültig, wenn nicht die Verrechnung selbst etwa deshalb ungültig ist, weil, wie das häufig in solchen Fällen geschieht, zunächst ein Terminschuldsaldo anerkannt und gegen diesen Saldo nunmehr aufgerechnet worden ist;

Exk. zu § 376. Anm. 74. die Verrechnung ist hier ungültig, weil nur gegen eine wirkliche Forderung vertragsmäßig aufgerechnet werden kann, das Anerkenntnis eines Terminsaldos aus ungültigen Börsentermingeschäften aber keine Schuld erzeugt, auch nicht als Terminschuld gilt, welche der Tilgung durch vertragsweise Verrechnung fähig wäre. Es können sich hier vielfache Verwicklungen ergeben, wenn es sich um einen Saldo handelt, der teils gültige, teils ungültige Börsentermingeschäfte, teils Geschäfte anderer Art zur Unterlage hat und nun eine Auflösung des Saldos ins Auge zu fassen ist (oben Anm. 58). Sind hiernach einzelne Bestandteile des Vergleichs gültig, andere ungültig, so findet nicht § 139 BGB. Anwendung, sondern es kommen auch hier die allgemeinen Aufrechnungsgrundsätze zur Anwendung (oben Anm. 55 ff.).

Anm. 75. i) Der Schiedsvertrag. Nach Entstehung eines Streites können die Streitteile sich ein beliebiges Schiedsgericht selbst bilden, sich also auch einem Börsenschiedsgericht unterwerfen, das dann auch darüber rechtsgültig entscheidet, ob ein gültiges Börsentermingeschäft vorlag, wenn gerade diese Streitfrage dem Schiedsgericht unterbreitet war. Die eigentliche Frage ist aber die, inwieweit von vornherein schon der Rechtsweg ausgeschlossen und die Entscheidung eines Schiedsgerichts durch Vertrag als maßgebend bezeichnet werden kann. Zunächst sind von einem Schiedsgericht die Arbitratoren zu unterscheiden; sie sind nicht Schiedsrichter, sondern Gutachter, welche über die Annahmefähigkeit, die Beschaffenheit der Ware und die Preisherabsetzung ihre Ansicht in einer die Parteien bindenden Weise kundgeben sollen (hierüber Näheres im Exk. zu § 372 Anm. 46 b, Exk. vor § 373 Anm. 24 und § 377 Anm. 32 u. RG. 67, 71). Zu diesen Arbitratoren gehören die Börsenkommissionen, welche nach den Börsenordnungen oder Börsenusancen und nach § 67 Abs. 2 Ziff. 3 BörsGes. zur Entscheidung über die Lieferbarkeit, über den entscheidenden Kurs, über Auslegung und Bestehen von Usancen usw. berufen sind; diese Kommissionen gelten nicht als Schiedsgerichte (Mot. 31; vgl. RG. 29, 319; 45, 350; JW. 02, 636 [18]). Insoweit unterwerfen sich die Parteien, indem sie die Börsenordnungen und Usancen als maßgebend bezeichnen, auch den Entscheidungen der danach bestehenden Börsenkommissionen in rechtswirksamer Weise. Über die Gültigkeit des Geschäfts können solche Kommissionen aber nicht entscheiden. Dazu ist nur ein Schiedsgericht ermächtigt, das auf Grund eines Schiedsvertrages bestellt ist (vgl. RG. 24, 411; JW. 99, 726 [1]). Nun kann nicht ganz allgemein von vornherein für alle aus einer Geschäftsverbindung hervorgehenden Streitigkeiten ein bestimmtes Schiedsgericht durch Vereinbarung festgesetzt werden (RG. 36, 422); es muß das einzelne Rechtsverhältnis vielmehr genau bestimmt sein (§ 1026 ZPO.; JW. 08, 458 [28]). Es kann also, wenn ein Streit darüber besteht, ob ein Börsentermingeschäft gültig sei oder nicht, von den Parteien nach Entstehung dieses Streits sehr wohl vereinbart werden, daß darüber ein Schiedsgericht nach §§ 1025 ff. ZPO. mit Ausschluß des Rechtswegs urteilen soll (RG. 27, 379; JW. 96, 7 [25]). Es kann aber nicht durch Beifügung der Vereinbarung zu einem Börsentermingeschäft wirksam bestimmt werden, daß über dessen Gültigkeit ein Schiedsgericht mit Ausschluß des Rechtswegs erkennen soll; denn wenn der Hauptvertrag (das Börsentermingeschäft) ungültig ist, ist es auch der den Schiedsvertrag betreffende Teil des Hauptvertrags oder der den Schiedsvertrag enthaltende Nebenvertrag (RG. 27, 379; 31, 398), einschließlich des Verzichts auf den Rechtsweg oder auf ein Rechtsmittel (vgl. RG. 36, 423). Daher nützt die Aufnahme einer Schiedsgerichtsklausel in die allgemeinen Geschäftsbedingungen nichts, weil deren Gültigkeit von der Gültigkeit des Hauptgeschäfts abhängt und die Geschäftsbedingungen dessen rechtliches Schicksal teilen (RG. 43, 408; 58, 155; JW. 04, 76 [52]; 05, 401 [25]). Auch die Berufung auf § 28 BörsGes. ändert nichts, weil dort ein gültiger Schiedsvertrag vorausgesetzt wird (RG. 56, 22). Der § 28 BörsGes. in der neuen Fassung verleiht einer Vereinbarung, durch welche die Beteiligten sich einem Börsenschiedsgericht (als solches gilt schon jedes aus Börsenbesuchern zusammengesetzte Schiedsgericht; Hemptenmacher § 28 Bem. 2) unterwerfen, nur dann Rechtsverbindlichkeit, wenn beide Teile die Börsentermingeschäftsfähigkeit nach § 53 besitzen, d. h. eingetragene oder der Eintragung nicht bedürftige Vollkaufleute (oben Anm. 17), Börsenleute (oben Anm. 19), Börsenbesucher (oben Anm. 22) oder Ausländer (oben Anm. 23) sind oder

die Unterwerfung unter das Schiedsgericht nach Entstehung des Streitfalles erfolgt. In dem **Erk. zu**
letzteren Falle bedarf es also der Börsentermingeschäftsfähigkeit nicht. Hat nun eine börsen- **§ 376.**
termingeschäftsfähige Person mit einem Nichtbörsentermingeschäftsfähigen bei Abschluß des Anm. 75.
Börsentermingeschäfts das Börsenschiedsgericht als das erkennende Gericht für alle aus diesem Geschäft entstehenden Streitigkeiten erwählt, so ist der Schiedsvertrag unverbindlich; das Hauptgeschäft wird durch diese Unverbindlichkeit jedoch nicht berührt; das Hauptgeschäft ist selbständig zu beurteilen (vgl. RG. bei Gruch. 27, 1056).

Auf die Einrede, daß ein Schiedsvertrag unzulässig gewesen ist, kann verzichtet werden. Anm. 76.
Durch diesen Verzicht wird der Schiedsvertrag gültig. Hierüber gilt das im bish. Erk. zu § 376 Anm. 28 Ausgeführte.

k) Die Ungültigkeit des Geschäfts muß von Amts wegen berücksichtigt werden. Anm. 77.
Keine Partei kann auf die Berücksichtigung verzichten. Sobald sich ergibt, daß ein ungültiges Börsentermingeschäft vorliegt, kann ein verurteilendes Erkenntnis nicht gefällt werden (so nach altem Recht RG. 44, 52). Für die Novelle ergibt sich dasselbe aus der Fassung des § 52 BörsGes. und der Begr. zu § 53 des Entwurfs. Selbstverständlich steht es im Belieben der Parteien, diejenigen Tatsachen unerwähnt zu lassen, aus denen die Ungültigkeit des Termingeschäfts sich ergibt. Der Richter kann aber von seinem Fragerecht nach § 139 ZPO. Gebrauch machen; er muß es aber nicht, wenn kein Anlaß dazu vorlag.

l) **Der Differenz- und Spieleinwand, wenn nur der eine ein Börsentermingeschäft abschließende** Anm. 78.
Vertragsteil die Börsentermingeschäftsfähigkeit nach § 53 BörsGes. (oben Anm. 17ff.) **besitzt,** nicht aber der Vertragsgegner, ist scheinbar gegenstandslos, weil das Börsentermingeschäft ungültig ist, es also eines zweiten Angriffs nicht mehr bedarf. Allein das als Börsentermingeschäft ungültige Geschäft kann möglicherweise ein anderes an sich mögliches Rechtsgeschäft, einen Handelskauf, enthalten, so daß der Schuldner sich nun gegen dieses des Differenz- oder Spieleinwandes zu bedienen hat, wenn er die Erfüllung weigert. Das ungültige Börsentermingeschäft als solches kann ferner durch Sicherheitsleistung und Erfüllungsannahme wirksam werden und kann das Geleistete und rechtswirksam Aufgerechnete nicht mehr zurückgefordert werden (hierüber vgl. oben Anm. 32ff.). Auch in diesen Fällen kommt es dann darauf an, ob und inwieweit der Schuldner sich mit dem Differenz- und Spieleinwand verteidigen, d. h. behaupten darf, daß es nicht auf effektive Erfüllung nach dem Vertragswillen ankommen, sondern daß um die Kursdifferenz am Stichtage gespielt werden sollte. Die Folgen dieses Einwandes, soweit er überhaupt zugelassen ist, sind dann wieder verschieden geordnet, je nachdem ein offizielles oder ein inoffizielles Börsentermingeschäft in Frage steht (über die Begriffe des offiziellen und inoffiziellen Börsentermingeschäfts s. oben Anm. 3, 6, 8 u. 26).

α) **Das offizielle** Börsentermingeschäft, mag es Waren oder Effekten zum Gegenstand haben, Anm. 79.
ist, wenn sich börsentermingeschäftsfähige Personen gegenüberstehen, durchaus dem Differenz- und Spieleinwand entzogen (oben Anm. 27). Besitzt aber nur eine Partei diese Art der Geschäftsfähigkeit, so ist zu unterscheiden:

αα) Ist Sicherheit nach § 54 BörsGes. vom Privatkunden dem Bankier geleistet, so haftet der Privatkunde nur mit der Sicherheit (also nicht persönlich) und nur bis zu deren Wert; für den Bankier dagegen entsteht eine persönliche Haftung für das ganze Geschäft in seinem vollen Umfange (hierüber oben Anm. 33ff., 42 u. 44). Weil das Geschäft (es handelt sich hier nur um Börsentermingeschäfte in Wertpapieren; oben Anm. 34) also für den Bankier nach § 54 BörsGes. verbindlich ist, kann er nach § 58 Satz 1 BörsGes. weder den Differenz- noch den Spieleinwand erheben; wohl aber könnte der Privatkunde, weil das Geschäft für ihn nicht verbindlich ist, sondern er nur mit der Sicherheit haftet, auf den Gedanken kommen, zunächst das Börsentermingeschäft als solches mit der Begründung zu Fall zu bringen, daß nicht beide Teile börsentermingeschäftsfähig seien, oder daß der Empfänger der Sicherheit nicht die von § 54 Abs. 1 BörsGes. geforderte Eigenschaft besitze und dann die Sicherheit mit der Begründung zurückverlangen, daß das Geschäft ein Differenz- oder Spielgeschäft nach §§ 762, 764 BGB. sei. Eine solche Konstruktion wäre rechtlich

Erl. zu § 376. Anm. 79. möglich; denn die Angriffe gegen die Gültigkeit des Börsentermingeschäfts richten sich gegen eine gewisse Handelsform, während der Differenz- und Spieleinwand sich gegen den Inhalt des Geschäfts richtet. Trotz Nichteinhaltung der Börsentermingeschäftsformen kann ein Geschäft inhaltlich zu Recht bestehen. Die Möglichkeit des Differenzeinwandes schneidet Satz 2 des § 58 BörsGes. dem Terminschuldner ab, indem dort gesagt werden will, daß der Bankier sich auch dann aus der Sicherheit befriedigen darf, soweit das Börsentermingeschäft an sich ungültig ist und daher der Terminschuldner den Spieleinwand erheben kann. Es findet also der Grundsatz über die Haftung gehörig bestellter Sicherheit auch Anwendung, wenn der Differenz- oder Spieleinwand erhoben werden kann; aber nur bei den in Satz 1 des § 58 BörsGes. bezeichneten Ansprüchen, d. h. bei offiziellen Börsentermingeschäften (vgl. dazu § 69 des Entw. vom 19. Februar 1904 und den KB. dazu sowie § 69 des Entw. vom 28. November 1906; Jacusiel LZ. 08, 526; so wohl auch Apt § 58 Bem. 1 u. 2). Nach einer andern Ansicht (Hemptenmacher § 58 Bem. 1—3) soll sich nur Satz 1 des § 58 BörsGes. auf den offiziellen Börsenterminhandel beziehen, Satz 2 des § 58 BörsGes. dagegen den inoffiziellen Börsenterminhandel betreffen (dagegen siehe oben Anm. 29).

Ist eine Sicherheit zwar geleistet, aber nicht nach den Formen des § 54 BörsGes., so findet das Vorausgeschickte keine Anwendung. Die Sicherheit kann zurückgefordert werden (hierüber unten Anm. 165).

Anm. 80. ββ) Erfüllungsannahme und Aufrechnung. Ist ein offizielles Börsentermingeschäft — mag es Waren oder Effekten zum Gegenstande haben — unwirksam, weil nur ein Teil die Börsentermingeschäftsfähigkeit besitzt (§ 53 BörsGes.; oben Anm. 32), so tritt doch Heilung durch Erfüllungsannahme ein (§ 57 BörsGes.; oben Anm. 45). Diese Heilung schließt den Differenz- und Spieleinwand völlig aus. Dies verfügt § 58 Satz 1 BörsGes. Es kann also von keiner Seite mehr der Einwand erhoben werden, es sei Effektiverfüllung vertraglich ausgeschlossen gewesen; denn es liegt ein nachträglich gültig gewordenes Börsentermingeschäft vor; bei einem solchen kommt es auf eine Spielabsicht und auf Effektiverfüllung gar nicht an (oben Anm. 27f.). Gebricht es an einem der Erfordernisse, die zur Heilung durch Erfüllungsannahme nötig sind, so liegt ein ungültiges Börsentermingeschäft vor. Damit ist aber noch nicht entschieden, daß das Geschäft nicht von einem anderen Gesichtspunkt aus aufrechterhalten werden könnte (vgl. oben Anm. 79). Gegen diese Konstruktion vermöchte nun an sich vom Schuldner der Differenz- oder Spieleinwand erhoben werden. Dieser Einwand unterliegt aber einer doppelten Beschränkung, wenn der Privatkunde dem Bankier bei einem Geschäft in Wertpapieren nach § 54 BörsGes. Sicherheit geleistet hat (oben Anm. 51). Einmal kann der Bankier, dem durch § 58 Satz 1 BörsGes. der Spieleinwand abgeschnitten ist, sich ungeachtet des Spieleinwandes des Privatkunden aus der Sicherheit befriedigen, wie oben Anm. 79 auseinandergesetzt wurde. Sodann aber kann er seinen durch diese Sicherheit nicht gedeckten Gewinn trotz des Spieleinwandes gegen Forderungen seines Kunden zur Aufrechnung bringen, die der Kunde aus gültigen Börsentermingeschäften gegen den Bankier erhebt. Der Kunde muß sich also seinen Gewinn aus gültigen Termingeschäften um seinen ungedeckten Verlust aus Spielgeschäften kürzen lassen. Dies bestimmt § 58 Satz 2 BörsGes. in Verbindung mit § 56 BörsGes. Über diese Aufrechnung siehe oben Anm. 51ff. Ist keine Sicherheit nach § 54 BörsGes. geleistet, oder handelt es sich um ein Geschäft in Waren, so kann der Gewinn aus dem Spielgeschäft unbeschränkt gegen Forderungen aus gültigen Börsentermingeschäften zur Aufrechnung gebracht werden. Dies bestimmt § 58 Satz 2 BörsGes., der die §§ 56 u. 54 zitiert. Die Forderung auf Rückgabe einer Sicherheit ist keine Forderung aus dem Geschäft selbst; gegen sie kann nicht aufgerechnet werden.

Anm. 81. γγ) Das auf Grund des Geschäfts Geleistete kann auch mit Hilfe des Differenz- und Spieleinwandes nicht zurückgefordert werden. Es bestimmt hierüber zwar § 55 BörsGes. nicht für das Differenz- und Spielgeschäft sondern nur für das Börsentermingeschäft, wohl aber bestimmt es § 762 Abs. 1 Satz 2 BGB., der inhaltlich mit § 55 BörsGes. übereinstimmt. Der § 58 BörsGes. berührt diesen Punkt nicht. **Exk. zu § 376.**

δ) Die Übernahme von Verbindlichkeiten schützt dagegen auch beim offiziellen Börsentermingeschäft nicht gegen den Differenz- oder Spieleinwand, wenn nur ein Teil die Börsentermingeschäftsfähigkeit besaß. Das bestimmt § 59 BörsGes. durch die Bezugnahme auf § 58 BörsGes. Was unter Übernahme einer Verbindlichkeit zum Zwecke der Erfüllung zu verstehen ist, wurde oben Anm. 61ff. auseinandergesetzt. Die Übernahme von Verbindlichkeiten zum Zweck der Erfüllung eines Differenz- oder Spielgeschäfts ist also unwirksam. Anm. 81a.

ε) Aufträge und Vereinigungen zum Abschluß offizieller Börsentermingeschäfte mit Spielcharakter werden ebenso behandelt, wie das offizielle Börsentermingeschäft mit Spielcharakter. Das bestimmt § 60 BörsGes. durch seine Bezugnahme auf § 58 BörsGes. Es gelten also auch hier die Ausführungen in den Anm. 79—81a. Über den Begriff von Aufträgen und Vereinigungen zum Abschluß von Börsentermingeschäften vgl. oben Anm. 68ff. Anm. 81b.

ζ) An ausländischen Börsen können offizielle Börsentermingeschäfte im Sinne des § 50 BörsGes. nicht abgeschlossen werden (oben Anm. 6, 8, 26ff.). Denn die Vorschriften des § 50 BörsGes. passen nur auf den offiziellen Terminhandel an inländischen Börsen, der sich gemäß den Beschlüssen des Vorstandes der inländischen Börsen abwickeln muß. Trotzdem will § 61 BörsGes. die Vorschriften des § 58 BörsGes. über den Differenz- und Spieleinwand gegen offizielle Börsentermingeschäfte auch dann Anwendung finden lassen, wenn das Geschäft im Ausland geschlossen oder zu erfüllen ist. Insofern das Geschäft im Ausland geschlossen ist, kann aber von einem offiziellen Börsenterminhandel, also von der Anwendung des § 58 BörsGes., keine Rede sein. Anm. 81c.

β) Das **inoffizielle** Börsentermingeschäft ist selbst dann, wenn beide Teile die Börsentermingeschäftsfähigkeit besitzen, dem Differenz- und Spieleinwand völlig freigegeben; denn § 58 BörsGes. schützt ausschließlich das offizielle Geschäft (oben Anm. 27a—29). Umso gewisser findet der Differenzeinwand gegen das inoffizielle Börsentermingeschäft statt, da das Börsengesetz seiner, was den Differenz- und Spieleinwand angeht, gar keine Erwähnung tut. Es bestimmt also lediglich das bürgerliche Recht (§§ 762, 764 BGB.). Danach sind Differenz- und Spielgeschäfte klaglos. Die Klaglosigkeit ist von Amts wegen zu beachten. Es gibt keine Übernahme von Verbindlichkeiten zur Erfüllung. Sicherheitsleistungen können zurückgefordert werden. Nur das kann nicht zurückgefordert werden, was zum Zweck der Erfüllung auf Grund des Geschäfts geleistet worden ist. Dieser Leistung steht vertragsmäßige Aufrechnung gleich. (Über alles dies s. unten Anm. 143ff.) Hiernach findet der Differenz- und Spieleinwand beim inoffiziellen Börsentermingeschäft auch statt, wenn Sicherheit nach § 54 BörsGes. bestellt worden ist (a. M. Hemptenmacher § 58 Bem. 3; hierüber oben Anm. 29 u. 79) und selbst bei der Erfüllungsannahme des § 57 BörsGes.; denn sie heilt nur die Ungültigkeit des Börsentermingeschäfts; selbst gegenüber einem gültigen Börsentermingeschäft inoffizieller Art ist aber der Angriff, daß ein Differenz- oder Spielgeschäft vorliege nach dem Börsengesetz ohne weitere Beschränkung nach §§ 762, 764 BGB. zugelassen. Zu den inoffiziellen Börsentermingeschäften gehören die an ausländischen Börsen geschlossenen Börsentermingeschäfte (oben Anm. 72 u. 81c). Sie sind also dem Differenzeinwand völlig preisgegeben (unten Anm. 178). Anm. 82.

3. **Keiner der Vertragschließenden ist börsentermingeschäftsfähig** in dem oben Anm. 17—23 erörterten Sinne. Alsdann sind die Geschäfte für beide Teile unverbindlich. Von einer Herstellung der Rechtswirksamkeit durch Sicherheitsbestellung nach § 54 BörsGes. kann keine Rede sein, weil dort die Börsentermingeschäftsfähigkeit eines Teiles verlangt wird. Wohl aber wird das ungültige Börsentermingeschäft auch hier durch Erfüllungsannahme nach § 57 BörsGes. geheilt, also rückwärts gültig (hierüber oben Anm. 45); denn der Wortlaut des § 57 BörsGes. lautet allgemein. Das auf Grund des Geschäfts zu dessen Erfüllung Ge- Anm. 83.

Erl. zu § 376. Anm. 83. leistete kann nach § 55 BörsGes. nicht zurückgefordert werden (hierüber oben Anm. 46 ff.). Forderungen aus solchen ungültigen Börsentermingeschäften können auch zur Aufrechnung gegen Forderungen aus gültigen Börsentermingeschäften nach § 56 BörsGes. verwendet werden. Einer vertragsmäßigen Aufrechnung steht gleichfalls nichts entgegen (hierüber oben Anm. 51 ff.). Verbindlichkeiten zum Zweck der Erfüllung können nicht übernommen werden (§ 59 BörsGes., oben Anm. 61 ff.). Über Aufträge und Vereinigungen zum Abschluß von Börsentermingeschäften ist dasselbe zu sagen wie in Anm. 68 ff. Auch im übrigen gilt das für den Fall Ausgeführte, daß wenigstens eine Vertragspartei Börsentermingeschäftsfähigkeit besitzt; also insbesondere auch für den Fall, daß das Geschäft im Ausland abgeschlossen oder zu erfüllen ist (oben Anm. 72). Alles dies gilt — einerlei, ob die Geschäfte offizielle oder inoffizielle Börsentermingeschäfte waren. (Über diese Begriffe s. oben Anm. 3, 6—8 u. 27 ff.; a. M. Hemptenmacher § 51 Bem. 5.)

Anm. 84. Der Differenz- und Spieleinwand hängt auch hier davon ab, ob ein offizielles oder ein inoffizielles Börsentermingeschäft vorliegt. Es gelten dieselben Grundsätze, wie in dem schon oben Anm. 78—82 erörterten Falle, in dem die Börsentermingeschäftsfähigkeit nur des einen Vertragsteils unterstellt ist. Danach gilt für das offizielle Börsentermingeschäft folgendes: selbst wenn eine Sicherheit in den Formen des § 54 BörsGes. gestellt ist, so kann sie nicht gegenüber dem Differenz- oder Spieleinwand bestehen. Die Sicherheit kann, wenn das Geschäft ein Differenz- oder Spielgeschäft ist, zurückgefordert werden. Denn die Sicherheitsbestellung in den Formen des § 54 BörsGes. hat nur Bedeutung zwischen Bankier und Privatkunden, d. h. wenn der Pfandgläubiger volle Börsentermingeschäftsfähigkeit besitzt. Geht beiden Teilen die Börsentermingeschäftsfähigkeit ab, so nutzt es nichts, daß das Termingeschäft ein offizielles war. Der § 58 BörsGes. bleibt außer Anwendung. Es kann also von jedem Teil der Differenz- und Spieleinwand trotz geleisteter Sicherheit erhoben und die Sicherheit zurückgefordert werden. Dagegen schließt Erfüllungsannahme nach § 57 BörsGes. (oben Anm. 45) den Differenz- und Spieleinwand aus wie in dem Falle, bei dem wenigstens eine Partei börsentermingeschäftsfähig ist (oben Anm. 80). Die einseitig erklärte Aufrechnung des § 56 BörsGes. (oben Anm. 51) ist grundsätzlich ebenso zulässig, wie in dem Falle, wenn nur ein Teil börsentermingeschäftsfähig ist. Praktisch dagegen ist diese Aufrechnungsweise regelmäßig ausgeschlossen, weil sie eine Forderung aus gültigen Börsentermingeschäften voraussetzt, gegen welche aufgerechnet werden darf. Das Geleistete kann nicht zurückgefordert werden (oben Anm. 81). — Hinsichtlich des inoffiziellen Börsentermingeschäfts ist lediglich auf das in Anm. 82 Entwickelte zu verweisen. Es ist der Differenz- und Spieleinwand nach §§ 762, 764 BGB. zulässig. Das Börsengesetz schränkt das bürgerliche Recht nicht ein. Es gilt daher alles, was über die Differenz- und Spielgeschäfte der §§ 762, 764 BGB. gilt.

Anm. 85. F. Über den **Erfüllungsverzug bei Börsentermingeschäften in Waren** wiederholt § 62 BörsGes. die zwingende Bestimmung (früher § 53 BörsGes.), daß der Verkäufer in Leistungsverzug mit den Folgen des § 376 selbst dann gerät, wenn er dem Käufer angekündigt hat, daß er vor dem Termin liefern wolle (die Börsenordnungen berechtigen regelmäßig hierzu), und nun vertragswidrige Ware liefert (vgl. Erl. zu § 374 Anm. 42 Abs. 2). Für den Effektenterminhandel gilt diese Vorschrift nicht. Das Gesetz sagt dies ausdrücklich, weil beim Effektenhandel auf einen bestimmten Tag (ultimo) zu erfüllen ist und nicht vorher erfüllt werden kann (Hemptenmacher § 62).

Anm. 86. G. **Schlußscheine** über Börsentermingeschäfte zwischen nichtbörsentermingeschäftsfähigen Personen sind ebenso stempelpflichtig, wie früher die Stempelpflicht für Börsentermingeschäfte zwischen nicht eingetragenen Personen angenommen wurde (vgl. RG. 49, 111). Findet eine Prolongation nur in der Weise statt, daß kein Gegengeschäft gemacht wird (oben Anm. 47), sondern im Gegenteil nur die Abwickelung hinausgeschoben werden soll, so ist diese Hinausschiebung kein neues abgabepflichtiges Geschäft (vgl. RG. 45, 65). Wird Sicherheit nach § 54 BörsGes. geleistet, so richtet sich die Stempelpflicht der Urkunden nach den Landesgesetzen. Diese stimmen mit der reichsgesetzlichen Vorschrift, die auf den Nennwert der Sicherheit abhebt, nicht immer überein. Wird nun die gestellte Sicherheit geändert, so ist diese Änderungserklärung nur dann und insoweit stempelpflichtig, als der bisherige Gesamtnennwert der Sicherheit überschritten worden ist (§ 54 Abs. 7 BörsGes.; Hemptenmacher § 54 Bem. 13; Apt § 54 Bem. 8). **Erk. zu § 376.** Anm. 86.

II. Die verbotenen Börsentermingeschäfte.

A. **Maßgebend sind die folgenden Paragraphen des Börsengesetzes:** Anm. 87.

§ 63. Börsentermingeschäfte in Anteilen von Bergwerks- und Fabrikunternehmungen sind nur mit Genehmigung des Bundesrats zulässig.

Der Bundesrat kann Börsentermingeschäfte in bestimmten Waren und Wertpapieren verbieten oder die Zulässigkeit von Bedingungen abhängig machen.

§ 64. Durch ein verbotenes Börsentermingeschäft in Anteilen von Bergwerks- oder Fabrikunternehmungen (§ 63 Abs. 1) sowie durch ein Börsentermingeschäft, das gegen ein von dem Bundesrat erlassenes Verbot verstößt (§ 63 Abs. 2), wird eine Verbindlichkeit nicht begründet. Die Unwirksamkeit erstreckt sich auch auf die Bestellung einer Sicherheit.

Das auf Grund des Geschäfts Geleistete kann nicht deshalb zurückgefordert werden, weil nach Abs. 1 Satz 1 eine Verbindlichkeit nicht bestanden hat.

§ 65. Börsentermingeschäfte in Getreide und Erzeugnissen der Getreidemüllerei sind verboten.

§ 66. Durch ein verbotenes Börsentermingeschäft in Getreide oder Erzeugnissen der Getreidemüllerei wird eine Verbindlichkeit nicht begründet. Die Unwirksamkeit erstreckt sich auch auf die Bestellung einer Sicherheit.

Das Recht, das auf Grund des Geschäfts Geleistete deshalb zurückzufordern, weil nach Abs. 1 Satz 1 eine Verbindlichkeit nicht bestanden hat, erlischt mit dem Ablaufe von zwei Jahren seit der Bewirkung der Leistung, es sei denn, daß der zur Rückforderung Berechtigte vor dem Ablaufe der Frist dem Verpflichteten gegenüber schriftlich erklärt hat, daß er die Herausgabe verlange.

§ 69. Die Vorschriften der §§ 64, 66, 68 gelten auch für eine Vereinbarung, durch die der eine Teil zum Zwecke der Erfüllung einer Schuld aus einem verbotenen Börsentermingeschäft oder einem Geschäfte der im § 68 bezeichneten Art dem anderen Teile gegenüber eine Verbindlichkeit eingeht, insbesondere für ein Schuldanerkenntnis.

§ 70. Die Vorschriften der §§ 64, 66, 68, 69 finden auch Anwendung auf die Erteilung und Übernahme von Aufträgen sowie auf die Vereinigung zum Zwecke des Abschlusses von verbotenen Börsentermingeschäften oder von Geschäften der im § 68 bezeichneten Art.

B. **Der Grundgedanke dieser Vorschriften geht dahin:** Börsentermingeschäfte sind innerhalb eines gewissen Personenkreises erlaubt, wenn sie nicht verboten sind. Man muß sich so trivial ausdrücken, weil nach dem System der Novelle, wie es der RegEntw. auch vorgeschlagen hatte, die verbotenen Geschäfte vorangestellt waren und sich aus der Novelle zunächst ergab, was verboten war. Daraus ergab sich das Erlaubte. Jetzt umschreibt zunächst § 52 BörsGes. die erlaubten Geschäfte und zwar dahin, daß erlaubt ist, was nicht durch das BörsGes. oder durch den Bundesrat verboten ist (oben Anm. 2). Was verboten ist, wird in den nachfolgenden §§ 63 u. 65 BörsGes. gesagt. Danach gibt es drei Arten verbotener Börsentermingeschäfte: die erste Art verbotener Geschäfte sind die Börsentermingeschäfte in Anteilen von Bergwerks- und Fabrikunternehmungen; das Verbot ist aber kein unbedingtes; denn der Bundesrat darf diesen Börsenterminhandel zulassen (§ 63 Abs. 1 BörsGes.). Die zweite Art verbotener Geschäfte sind die Börsentermingeschäfte in Waren und Wertpapieren, die der Bundesrat verboten hat. Der Terminhandel in Waren und Wertpapieren ist grundsätzlich erlaubt (oben Anm. 2); der Bundesrat kann diesen Terminhandel aber verbieten; diesem Verbot steht es gleich, wenn der Bundesrat Bedingungen der Zulassung vorgeschrieben hat und diese Bedingungen nicht eingehalten worden sind (§ 63 Abs. 2 BörsGes.). Die dritte Anm. 88.

Exk. zu § 376. Anm. 88. Art der verbotenen Börsentermingeschäfte endlich begreift die Börsentermingeschäfte in Getreide und Erzeugnissen der Getreidemüllerei in sich; sie sind von Gesetzes wegen unbedingt verboten; es gibt keine Ausnahme (§ 65 BörsGes.) und steht auf Zuwiderhandlungen Ordnungsstrafe und bei Rückfälligkeit sogar Gefängnisstrafe (§§ 71, 91 BörsGes.). Die Novelle stellt sich hier ganz auf den Boden der Rechtsprechung des Reichsgerichts zu den §§ 50—52 des alten BörsGes., die ein wirkliches Verbot aus diesen §§ 50—52 herausgelesen hat (hierüber bish. Exk. zu § 376 Anm. 41). Nur insofern folgt die Novelle der früheren Rechtsprechung nicht, als letztere eine Nichtigkeit der verbotenen Börsentermingeschäfte nach § 134 BGB. annahm. Die Novelle erklärt nämlich die verbotenen Geschäfte keineswegs für nichtig, sondern nur für unwirksam; sie begründen keine Verbindlichkeit, werden durch Sicherheitsleistung (anders wie bei den erlaubten Börsentermingeschäften, oben Anm. 33) nicht wirksam (§§ 64 Abs. 1, 66 Abs. 1 BörsGes.); es gibt keine Heilung durch Erfüllungsannahme (anders bei den erlaubten Börsentermingeschäften, oben Anm. 45ff.), das Geleistete kann bei Börsentermingeschäften in Getreide und Erzeugnissen der Getreidemüllerei nur beschränkt (§ 66 BörsGes.), bei den andern zwei Arten verbotener Termingeschäfte aber überhaupt nicht zurückgefordert werden (§ 64 Abs. 2 BörsGes.). Vertragsmäßige Aufrechnung ist zugelassen; dagegen gibt es keine gesetzliche Aufrechnung, wie bei den erlaubten Börsentermingeschäften (oben Anm. 51). Wie bei den erlaubten Börsentermingeschäften, so kann auch hier keine Verbindlichkeit zum Zwecke der Erfüllung übernommen werden; Anerkenntnisse sind unwirksam (§ 69 BörsGes.). Die erlaubten Börsentermingeschäfte zerfallen in offizielle und in nichtoffizielle; diese Einteilung entscheidet über den Differenz- und Spieleinwand und dessen Begrenzung (oben Anm. 3, 8, 26f., 78—82 u. 84). Bei den verbotenen Termingeschäften hätte eine solche Einteilung keinen Zweck; denn wenn der Versuch unternommen würde, ein verbotenes Börsentermingeschäft als Handelskauf aufrechtzuerhalten, so würde doch der Differenz- und Spielaufwand aus §§ 762, 764 BGB. unbeschränkt zuzulassen sein, wie gegen jedes andere Geschäft.

Die Börsentermingeschäftsfähigkeit kommt bei dem verbotenen Terminhandel nicht in Betracht.

Anm. 89. C. **Der Begriff der verbotenen Börsentermingeschäfte.** Es muß ein Börsentermingeschäft sein. Nun ist bereits oben Anm. 5, 7 14 dargelegt, daß die drei Erfordernisse, die in § 48 des alten BörsGes. als wesentlich für den Begriff des Börsentermingeschäfts aufgestellt worden waren, ausdehnend zu verstehen sind und in diesem ausdehnenden Sinne auch jetzt noch die Grundlage bilden. Als wesentlich für ein Börsentermingeschäft ist daher zu verlangen, daß das Geschäft zu einem festen Termin, ohne Rücksicht auf persönliche Bedürfnisse, also mit typischem Inhalt und zu einem Preise geschlossen wird, der sich an der Börse infolge des Zusammenwirkens der Börsenbesucher gebildet hat. Es gelten hier durchaus die im bish. Exk. zu § 376 Anm. 42 gemachten Ausführungen. Es ist hier nur noch daran zu erinnern, daß die handelsrechtlichen Lieferungsgeschäfte des § 67 BörsGes. keine Börsentermingeschäfte sind (unten Anm. 115ff.).

Anm. 90. Die als Kassa- oder Kontogeschäfte bezeichneten Abschlüsse sind von dieser Begriffsbestimmung nicht ausgenommen, wenn es Termingeschäfte sind, die nach Börsenpreisen irgendeiner Art — sei es auch nach Kassapreisen — abgeschlossen wurden. Hier kann wegen des Näheren auf den bish. Exk. zu § 376 Anm. 43 verwiesen werden, wobei nun am Schlusse auch noch RG. 66, 94ff. anzuführen ist.

Anm. 91. Auch Prolongationsgeschäfte können unter diese Begriffsbestimmung fallen (vgl. oben Anm. 10). Sind echte Kassengeschäfte nicht abgewickelt, sondern Kassengeschäfte nur in der Erfüllung gestundet worden, so ist kein neues Geschäft abgeschlossen; das alte Kassageschäft besteht weiter (vgl. auch oben Anm. 47). Schließen aber die Parteien zum Zweck der Schiebung eines nicht abgewickelten Kassageschäfts ein börsenmäßiges Termingeschäft in Form eines Rückkaufs auf Ultimo zum Kompensationskurse, so sind diese Prolongationsgeschäfte selbständige Börsentermingeschäfte; sie sind kein Teil des an und für sich gültigen Kassageschäfts

(RG. 44, 54; 66, 95). Haben die Parteien aber in der Tat abgewickelt, so macht es nichts aus, daß der Käufer dieselben Papiere dem früheren Verkäufer durch Gegengeschäft gegen Kasse wieder verkauft (RG. 66, 96). **Erl. zu § 376.** Anm. 91.

D. **Verboten müssen also die Börsentermingeschäfte sein.** Anm. 92.

Verboten sind Termingeschäfte in Anteilen von Bergwerks- und Fabrikunternehmungen, die nicht vom Bundesrat zugelassen sind (§ 63 Abs. 1 BörsGes.; nach § 50 des alten BörsGes. lautete das Verbot unbedingt). Die Zulassung durch den Bundesrat ist für jedes einzelne Unternehmen besonders auszusprechen. Erst wenn diese Zulassung ausgesprochen ist, hat die Zulassung des Börsenvorstandes nach § 50 BörsGes. nachzufolgen (oben Anm. 8). Der Bundesrat darf aber die Zulassung seinerseits nicht aussprechen, wenn der Börsenvorstand gesetzlich gezwungen ist, die Zulassung zu versagen. Der Börsenvorstand muß die Zulassung versagen, wenn die Papiere keinen Nennwert haben (§ 50 Abs. 4 BörsGes.); folglich kann weder vom Bundesrat noch vom Börsenvorstand die Zulassung von Kuxen, die ja keinen Nennwert haben, ausgesprochen werden; somit ist der Börsenterminhandel in Kuxen unbedingt verboten (oben Anm. 8). Die Notwendigkeit der bundesrätlichen Zulassung bedeutet etwas anderes als die Zulassung zum Terminhandel durch den Börsenvorstand. Diese letztere Art der Zulassung ist außer der Zulassung des Bundesrats nötig (oben Anm. 3 u. 8) und hat die Besonderheit, daß die Zulassung die Zustimmung der die Gesellschaft nach außen vertretenden Organe erfordert (§ 50 Abs. 5 BörsGes.). Aber schon der Bundesrat wird die Zulassung ohne die Zustimmung der Gesellschaft nicht aussprechen und die von ihm ausgesprochene Zulassung zurückziehen, sobald die Gesellschaftsvertretung nach § 50 Abs. 5 Satz 2 BörsGes. ihre Einwilligung zurückgenommen hat. Hat der Bundesrat die Zulassung ausgesprochen, aber noch nicht der Börsenvorstand, so ist das trotzdem abgeschlossene Börsentermingeschäft kein verbotenes, sondern ein inoffizielles erlaubtes nach § 51 BörsGes. Materiellrechtliche Bedeutung hat der Unterschied, ob das Geschäft ein offizielles oder ein inoffizielles ist, nur dann, wenn das Geschäft kein verbotenes ist, wenn also die Zulassung des Bundesrats vorliegt (oben Anm. 88 a. E.). Einer Nichtzulassung steht es gleich, wenn die Zulassung zurückgenommen ist, oder wenn gegen eine Bedingung der Zulassung verstoßen wird. Nur inländische Unternehmungen unterstehen der Vorschrift. Anteile ausländischer Bergwerks- oder Fabrikunternehmungen bedürfen der Zulassung des Bundesrats nicht, sind daher geeignete Gegenstände des erlaubten Börsenterminhandels; jedoch bedürfen im Inland abgeschlossene Börsentermingeschäfte über Anteile solcher ausländischen Unternehmungen der Zulassung des Börsenvorstandes zum Terminhandel (oben Anm. 8). Der dieser letzteren Zulassung entsprechende Terminhandel gehört zum offiziellen erlaubten Terminhandel. Der ohne diese Zulassung stattfindende Terminhandel gehört zum inoffiziellen erlaubten Terminhandel mit den in Anm. 6, 8, 26ff. u. 78ff. dargestellten Folgen; zu diesem inoffiziellen erlaubten Terminhandel zählen auch die an ausländischen Börsen abgeschlossenen Börsentermingeschäfte in Bergwerks- und Fabrikanteilen. — Nur Anteile von Bergwerks- und Fabrikunternehmungen bedürfen der Zulassung. Also gehören Staatspapiere und Obligationen (Partialobligationen) nicht hierher; sie sind keine Anteile, sondern Schuldverschreibungen. Unter Anteilen sind Aktien und solche Genußscheine zu verstehen, die Aktienrechte verleihen (§ 179 Anm. 26ff.). Anteile anderer Art, z. B. Anteile einer Gesellschaft m. b. H., scheiden hier aus, weil sie sich infolge der für sie geltenden Übertragungsform für den Börsenterminhandel nicht eignen. Es bleiben also nur Aktien und aktienähnliche Genußscheine von Bergwerks- und Fabrikaktiengesellschaften zum Börsenterminhandel übrig. Der Begriff eines Bergwerks kann niemals streitig sein, wohl aber der Begriff einer Fabrikunternehmung im Sinne des Börsengesetzes. Aus den Materialien ist über letztern Begriff keine Aufklärung zu schöpfen. Cahn (zu § 50) versteht unter Fabrikunternehmungen alle Unternehmungen, die sich mit der Herstellung, Be- und Verarbeitung beweglicher Sachen befassen; das ist der Maßstab des Art. 272 Abs. 2 Nr. 1 A. D. HGB. u. des § 1 Abs. 2 Nr. 1 HGB. Danach würden Aktien eines elektrischen Werks, das sich nur mit der Lieferung

Erl. zu § 376.

Anm. 92. elektrischen Stromes befaßt, da der elektrische Strom keine Sache ist (Erl. vor § 373 Anm. 16), nicht hierher gehören, auch nicht Aktien eines Hotelunternehmens. Man wird der Auffassung des Börsengesetzes jedoch nur gerecht, wenn man sich von allen privatrechtlichen Gesichtspunkten, insbesondere aber auch von demjenigen des § 98 BGB., fernhält, auch die zu allgemeine Bezeichnung „Industriepapiere" beiseite läßt, und zu der Begriffsbestimmung im Sinne der Gewerbeordnung greift. Im Sinne der Gewerbeordnung versteht man unter einer Fabrik einen Gewerbebetrieb, der sich mit der Bearbeitung, Verarbeitung und Veredelung von Rohstoffen, Halbfabrikaten und fertigen Erzeugnissen befaßt (Landmann GewO.⁴ § 134 Bem. 3); danach gehören zu den Fabrikunternehmungen auch die nur Strom liefernden Elektrizitätswerke, die Hotels, Druckereien, Gasanstalten, Wasserwerke usw. Keine Fabrikunternehmungen sind die Transportunternehmungen, die Versicherungsunternehmungen, die Banken usw.; deren Aktien sind dem Terminhandel freigegeben. Die Zulassung des Bundesrats bedeutet zugleich die Zulassung zum Terminhandel an allen Börsen. (Solche Zulassung ist bereits ausgesprochen für 16 Aktiengesellschaften im Reichsanzeiger 08 Nr. 127, 153 u. 272, Bekanntm. des Reichskanzlers v. 29. Mai, 1. Juli und 30. Oktober 1908.)

Anm. 92a. Verboten ist ferner der Terminhandel in Waren und Wertpapieren, in denen der Bundesrat den Terminhandel verboten hat, sowie ein Terminhandel in Waren und Wertpapieren, der von den vom Bundesrat vorgeschriebenen Bedingungen abweicht (§ 63 Abs. 2 BörsGes.). Inhaltlich ist hier § 50 Abs. 1 altes BörsGes. wiederholt. Der Bundesrat hat von dieser Befugnis Gebrauch gemacht, indem er den Terminhandel in Kammzug unbedingt verboten hat (Bekanntm. v. 20. April 1899, RGBl. 266). Dieses Verbot gilt auch jetzt noch (RTProt. 4765 D). Von seiner Befugnis, den Börsenterminhandel in Waren oder Wertpapieren an Bedingungen zu knüpfen, hat der Bundesrat noch keinen Gebrauch gemacht (Hemptenmacher § 63 Bem. 5). Somit ist der Terminhandel in Waren und Wertpapieren mit Ausnahme des Terminhandels in Kammzug erlaubt. In Waren und Wertpapieren, für welche der Bundesrat den Terminhandel verboten hat, kann ein offizieller Terminhandel nicht stattfinden (§ 51 BörsGes.). Dieser Terminhandel ist daher immer ein inoffizieller — lediglich mit der Folge, daß die Börseneinrichtungen nicht benutzt werden können und Preislisten nicht verbreitet werden dürfen (§§ 51 Abs. 2, 90 BörsGes.).

Anm. 92b. Verboten sind endlich Börsentermingeschäfte in Getreide und Erzeugnissen der Getreidemüllerei (§ 65 BörsGes.). Der alte § 50 Abs. 3 untersagte den börsenmäßigen Terminhandel in Getreide und „Mühlenfabrikaten". Es ist nun klargestellt, daß es sich um ein materiellrechtliches Verbot der bezeichneten Geschäfte handelt, und daß nicht alle Erzeugnisse von Mühlen, sondern nur die Erzeugnisse der Mühlen aus Getreide unter das Verbot fallen. Erzeugnisse der Ölmüllerei gehören daher nicht hierher. Eine weitere Einschränkung verfügt § 67 BörsGes., wonach der nach bestimmten Formen sich abwickelnde Kauf von Getreide oder Erzeugnissen der Getreidemüllerei überhaupt nicht als ein Börsentermingeschäft zu betrachten ist (hierüber unten Anm. 115ff.).

Anm. 93. E. **Die verbotenen Börsentermingeschäfte begründen keine Verbindlichkeit,** und kann deren Rechtswirksamkeit nicht durch Sicherheitsleistung herbeigeführt werden. Die Sicherheit ist vielmehr auf Verlangen jederzeit zurückzugeben (§§ 64 Abs. 1 u. 66 Abs. 1 BörsGes.). Es wird also nicht mehr, wie dies nach dem alten Börsengesetz angenommen wurde (hierüber bish. Erl. zu § 376 Anm. 44), die Nichtigkeit ausgesprochen, sondern abgelehnt; d. h. es wird an das Zuwiderhandeln gegen das gesetzliche Verbot des Börsenterminhandels in Übereinstimmung mit § 134 letzter Halbsatz BGB. eine andere Folge geknüpft als die Nichtigkeit. Es ist ein Zustand der Klaglosigkeit, ganz ähnlich demjenigen bei den erlaubten Börsentermingeschäften und bei den Differenz- und Spielgeschäften eingeführt. Die verbotenen Börsentermingeschäfte sind nämlich jetzt erfüllbar, d. h. das Geleistete kann teils gar nicht, teils nur unter besonderer Voraussetzung zurückgefordert werden. Eine Heilung durch Erfüllungsannahme jedoch wie bei den erlaubten Börsentermingeschäften (oben Anm. 45) gibt es hier nicht.

1. Das auf Grund des Geschäfts Geleistete kann nicht mehr zurückgefordert werden, wenn das Börsentermingeschäft Anteile von Bergwerks- oder Fabrikunternehmungen zum Gegenstand hat (§ 64 Abs. 2 BörsGes.; vgl. § 817 Satz 2 BGB.). Dasselbe gilt für den Börsenterminhandel in Waren und Wertpapieren, der vom Bundesrat verboten ist oder von den vom Bundesrat vorgeschriebenen Bedingungen abweicht (§ 64 Abs. 2 BörsGes.). Hatte das verbotene Börsentermingeschäft aber Getreide oder Erzeugnisse der Getreidemüllerei zum Gegenstand, so ist eine Rückforderung des Geleisteten noch innerhalb zweier Jahre zulässig (nach dem alten Recht innerhalb 30 Jahren). Diese Frist läuft und kann natürlicherweise nur laufen mit der Bewirkung der Leistung, nicht vom Tage des Geschäftsabschlusses. Es greift aber die dreißigjährige Verjährung Platz, wenn der Rückforderungsberechtigte von dem Rückgabepflichtigen vor Ablauf der zweijährigen Frist nicht nur mündlich, sondern schriftlich die Rückgabe verlangt hat (§ 66 Abs. 2 BörsGes.). Der Rückgabeanspruch richtet sich nach den Regeln über grundlose Bereicherung (§§ 812ff. BGB.). Die Frage, wann die Leistung als bewirkt anzusehen ist, also die Frage nach dem Beginn der zweijährigen Frist, deckt sich mit der Frage, wann anzunehmen ist, daß eine Leistung als auf Grund des Geschäfts gemacht zu gelten hat; hierüber gelten die oben Anm. 46f. gegebenen Ausführungen. Dort ist bemerkt, daß als auf Grund des Geschäfts geleistet auch das gilt, was ein Dritter für den Terminschuldner leistet. Solche Leistungen kann der Terminschuldner auf Grund des § 66 Abs. 2 BörsGes. nur zurückfordern, wenn diese Leistungen von dem Dritten nicht nur für den Terminschuldner, sondern auch in dessen Namen gemacht worden sind; ob die Leistungen aus Mitteln des Terminschuldners gemacht worden sind, ist nicht entscheidend. Ist die Leistung von dem Dritten in eigenem Namen gemacht, so ist nur dieser Dritte rückforderungsberechtigt, und muß er die von § 66 Abs. 2 BörsGes. geforderte schriftliche Erklärung abgeben. Die schriftliche Erklärung des § 66 Abs. 2 BörsGes. ist eine empfangsbedürftige Willenserklärung, muß also dem Termingläubiger nach § 130 BGB. zugehen (hierüber siehe Erl. zu § 361 Anm. 4ff.). Wer seine Leistung nach § 66 Abs. 2 BörsGes. zurückverlangt, muß auch imstande sein, das Empfangene, also der Kunde dem Bankier, die Papiere zurückzugeben; es gilt hierüber das im bish. Erl. zu § 376 Anm. 45 Ausgeführte. Erl. zu § 376. Anm. 94.

Es kommt also sowohl bei dem verbotenen Termingeschäft in Anteilen von Bergwerks- und Fabrikanteilen als auch beim verbotenen Termingeschäft in Getreide oder Mehl darauf an, ob eine Leistung auf Grund des Geschäfts gemacht worden ist; denn das nicht auf Grund des Geschäfts Geleistete kann bei beiden Geschäftsarten 30 Jahre lang zurückgefordert werden. Darüber, was unter einer auf Grund des Geschäfts gemachten Leistung zu verstehen ist, gilt das oben Anm. 46ff. Ausgeführte.

a) Pfandbestellungen und Sicherheitsleistungen sind an sich schon keine Leistungen auf Grund des Hauptgeschäfts; sie sind aber auch noch ausdrücklich in § 64 Abs. 1 Satz 2 BörsGes. u. § 66 Abs. 1 Satz 2 BörsGes. gleich dem Hauptgeschäft als rechtsunwirksam erklärt. Es gilt hier das oben Anm. 48 Ausgeführte in entsprechender Anwendung. Anm. 95.

b) Die Hingabe von Wechseln stellt gleichfalls keine Erfüllungsleistung dar. Es gilt das oben Anm. 49 Ausgeführte. Gibt aber der Schuldner dem Gläubiger einen Kundenwechsel in voller Kenntnis der Sachlage, und zieht der Gläubiger die Wechselsumme mit Zustimmung seines Terminschuldners ein, so hat der Terminschuldner wirksam erfüllt. Anm. 96.

c) Dasselbe gilt von Verpflichtungsscheinen und Schecks; vgl. oben Anm. 50. Anm. 97.

d) Die vertragsmäßige Aufrechnung ist dagegen wirksame Erfüllungsleistung. Das Aufgerechnete kann, wenn die Aufrechnung in beiderseitiger Willensübereinstimmung stattgefunden hat, nicht mehr rückgängig gemacht werden — alles natürlich abgesehen von dem eigenartigen Rückforderungsrecht bei Termingeschäften in Getreide und Mehl (oben Anm. 94). Eine einseitig erklärte Aufrechnung hat also diese tilgende Wirkung nicht. Unter der Herrschaft des alten Börsengesetzes war man zu demselben — mit Rücksicht auf die damalige Stellungnahme zu § 134 BGB. — vielleicht in seiner Folgerichtigkeit anfechtbaren Schlusse gekommen; man verlangte eigentlich mehr theoretisch, daß der Erfüllende in voller Kenntnis der damals Anm. 98.

Erl. zu § 376. Anm. 98. angenommenen Nichtigkeit leiste (hierüber siehe bish. Erl. zu § 376 Anm. 45). Härten, die sich hieraus ableiten ließen, sind jetzt verschwunden, weil die Erfüllbarkeit nun zum Gesetz erhoben ist. Nach dem jetzigen Rechte gilt hier nun ganz dasselbe wie hinsichtlich der Aufrechnungsvereinbarung bei Forderungen aus erlaubten Börsentermingeschäften (hierüber oben Anm. 55).

Anm. 98a. Auf das **Kontokorrent** angewendet führen diese Grundsätze dazu, daß ein Saldoanerkenntnis, wenn das Kontokurrent verbotene Börsentermingeschäfte enthält, als solches kraft der ausdrücklichen Vorschrift des § 69 BörsGes. unwirksam ist. Das Anerkenntnis enthält aber zugleich einen Aufrechnungsvertrag, der volle Rechtswirksamkeit besitzt. Es gilt hier ganz dasselbe wie bei den erlaubten Börsentermingeschäften (oben Anm. 56 u. 57). Unter der Herrschaft des alten Rechts ließ man diese Art der Erfüllung zu, obgleich die verbotenen Geschäfte wegen ihrer Nichtigkeit nicht als erfüllungsfähig erachtet wurden (vgl. bish. Erl. zu § 376 Anm. 46). Um so mehr ist jetzt eine solche Aufrechnung durch Vertrag zulässig. Die Rechtslage dürfte sich danach dahin gestalten: besteht das Kontokorrent lediglich aus verbotenen Börsentermingeschäften, so ist nicht allein das Saldoanerkenntnis, sondern auch die Aufrechnung unwirksam; denn Ansprüche aus verbotenen Termingeschäften können nicht durch gegenseitige Aufrechnung zu rechtlicher Bedeutung kommen. Dasselbe wird zu gelten haben, wenn lediglich Ansprüche aus ungültigen erlaubten und aus verbotenen Börsentermingeschäften das Kontokorrent bilden. Setzt sich das Kontokorrent dagegen aus gültigen Börsentermingeschäften und aus verbotenen Börsentermingeschäften und aus Geschäften anderer Art, z. B. erlaubten Kassegeschäften, zusammen, so ist die vertragsmäßige in der Saldoanerkennung enthaltene Aufrechnung wirksam; es ist alsdann zu ermitteln, in welchem Verhältnis in dem Saldo Forderungen aus gültigen Geschäften und aus ungültigen, aber erfüllbaren Geschäften enthalten sind. Nur was danach vom Saldo auf gültige Geschäfte entfällt, ist klagbar; der auf ungültige erlaubte und auf verbotene Börsentermingeschäfte bei dieser Auflösung des Saldos entfallende Rest entbehrt dann der Klagbarkeit. Die Verhältnisrechnung ist dieselbe, wie sie im bish. Erl. zu § 376 Anm. 18 dargestellt ist. Unter der Herrschaft des alten Rechts war man nahe daran, diese Verhältnisrechnung, die zuerst für erlaubte Börsentermingeschäfte aufgestellt wurde, auch auf die verbotenen Börsentermingeschäfte auszudehnen (bish. Erl. zu § 376 Anm. 46 u. 47). Im übrigen ist auf das im bish. Erl. zu § 376 Anm. 47 weiter Ausgeführte zu verweisen.

Anm. 99. e) Ein **Rückforderungsrecht aus sonstigem Grunde** ist auch hinsichtlich dessen zulässig, was auf **Grund des Geschäfts** geleistet worden ist. Es gilt hier das oben Anm. 30f., 60 u. im bish. Erl. zu § 376 Anm. 26 Ausgeführte.

Anm. 100. 2. **Verbindlichkeiten zum Zweck der Erfüllung verbotener Börsentermingeschäfte sind ungültig (§ 69 BörsGes.).** Es wird hier dieselbe Bestimmung wiederholt, die für die erlaubten Börsentermingeschäfte in § 59 BörsGes. aufgestellt ist.

Anm. 101. a) Für das **Schuldanerkenntnis** insbesondere spricht § 69 BörsGes. die Ungültigkeit ausdrücklich aus. Diese Ungültigkeit trifft auch das schriftliche Anerkenntnis, und zwar selbst wenn die Form des abstrakten Schuldanerkenntnisses (§ 781 BGB.) oder des abstrakten Schuldversprechens (§ 780 BGB.) gewählt worden ist. Was auf ein solches Anerkenntnis hin geleistet worden ist, kann bei Börsentermingeschäften in Anteilen von Bergwerks oder Fabrikunternehmungen überhaupt nicht, bei Börsentermingeschäften in Getreide und Mehl nur nach § 66 Abs. 2 BörsGes. innerhalb zweier Jahre zurückgefordert werden (hierüber oben Anm. 94). Eine Verrechnung nach § 782 BGB. enthält eine Aufrechnung, also einen gültigen Erfüllungsakt. Hierüber und über das Anerkenntnis eines Kontokorrents siehe das Nähere oben Anm. 62 u. 98f.

Anm. 102. b) Ebenso sind **Pfandverträge und Sicherheitsleistungen** ungültig, mögen die Pfänder vom Terminschuldner oder von einem Dritten für ihn gegeben sein. Solche Verträge gelten auch nicht als Erfüllung (oben Anm. 94 u. 46f.). Werden die Pfänder oder Sicherheiten aber veräußert und die Veräußerung und Einziehung des Erlöses zum Zweck der Deckung der Terminschulden von dem Dritten hinsichtlich der von ihm gestellten Sicherheiten oder von dem Terminschuldner hinsichtlich der von ihm gegebenen Sicherheiten genehmigt, so ist rechtswirksam erfüllt (oben Anm. 48). Dem dritten redlichen Erwerber des Pfandes kann der Einwand, daß das Pfand für ein verbotenes Börsentermingeschäft bestellt worden, nicht gemacht werden. **Erl. zu 376.** Anm. 102.

c) Die Eingehung von Wechselverbindlichkeiten stellt gleichfalls eine unstatthafte Vereinbarung dar. Darüber, daß unter Umständen doch eine Erfüllungsleistung anzunehmen ist, siehe die eingehenden Darlegungen im bish. Erl. zu § 376 Anm. 22—24 sowie in Anm. 49 oben. Eine Rückforderung des Geleisteten richtet sich alsdann nach den oben Anm. 94 dargestellten Grundsätzen. Dasselbe gilt von Verpflichtungsscheinen und von Schecks. Anm. 103.

d) Bürgschaften für verbotene Börsentermingeschäfte sind ungültig. Es gilt hier das oben Anm. 46ff., 65 u. 68 Ausgeführte. Anm. 104.

e) Eine Schuldübernahme verleiht dem verbotenen Termingeschäft keine Rechtswirksamkeit. Es gilt hier das im bish. Erl. zu § 376 Anm. 14 Ausgeführte. Anm. 105.

f) Die Umwandlung einer verbotenen Börsenterminschuld in eine Schuld anderer Art, also auch die Umwandlung in eine Darlehensschuld entbehrt der Rechtswirksamkeit (hierüber bish. Erl. zu § 376 Anm. 20). Anm. 106.

3. **Aufträge und Vereinigungen zum Abschluß verbotener Börsentermingeschäfte werden in derselben Weise behandelt wie die verbotenen Termingeschäfte selbst** (§ 70 BörsGes.). Es ist hier derselbe Grundsatz wie bei den erlaubten Termingeschäften (§ 60 BörsGes.; oben Anm. 68ff.) angewendet. Aufträge sind also unwirksam. Es ist nicht allein die Auftragserteilung, sondern auch die Annahme des Auftrags ohne Rechtsfolgen, einerlei ob der Auftraggeber oder der Beauftragte oder beide Börsentermingeschäftsfähigkeit besitzen; auch durch Sicherheitsleistung oder durch Übernahme einer Verbindlichkeit, durch Schuldanerkenntnis u. dgl. ändert sich nichts (oben Anm. 95—97 u. 100—106). Der Kommittent kann die Unverbindlichkeit jederzeit geltend machen. Es gilt über die hieraus sich ergebenden Folgen das bereits oben Anm. 69 Entwickelte in entsprechender Anwendung. Das, was auf Grund des Geschäfts geleistet ist, kann nicht zurückgefordert werden, wenn das Geschäft ein Börsentermingeschäft in Anteilen von Bergwerks- oder Fabrikunternehmungen betraf; es kann innerhalb zweier Jahre zurückgefordert werden, wenn das Geschäft ein Börsentermingeschäft in Getreide oder Mehl betraf (hierüber oben Anm. 94). — Die Vereinigungen zum Abschluß verbotener Börsentermingeschäfte sind rechtsunverbindlich; es entsteht aus solchen Gesellschaftsverträgen unter den Gesellschaftern keine Rechtswirkung. Sicherheitsleistung, Bürgschaft, Übernahme von Verbindlichkeiten, Anerkenntnisse u. dgl. sind ungültig. Nur das auf Grund des Gesellschaftsvertrags Geleistete, einschließlich des vertragsmäßig Aufgerechneten, kann in den in Anm. 94 u. 98 umschriebenen Grenzen nicht zurückgefordert werden. Es gilt das oben über den Auftrag Gesagte. Anm. 107.

4. Über Darlehen zum Zweck des Abschlusses von verbotenen Börsentermingeschäften gilt nach neuem Recht dasselbe wie bei Darlehen zum Zweck des Abschlusses von Differenz- und Spielgeschäften. Über letztere siehe unten Anm. 182; vgl. auch oben Anm. 106. Anm. 108.

5. Im Ausland abgeschlossene Börsentermingeschäfte, die, wenn sie nach deutschem Rechte zu beurteilen wären, als verbotene Termingeschäfte Rechtsverbindlichkeiten nicht zu begründen vermöchten, aber nach dem maßgebenden ausländischen Rechte gültig und außerdem im Auslande zu erfüllen sind, sind auch nach deutschem Rechte gültig und stehen den erlaubten Börsentermingeschäften gleich. Dies ist schon nach altem Recht angenommen worden (RG. 55, 183 u. RG. in Holdheim 08, 154). Derselbe Grundsatz beherrscht auch das neue Recht. Es wurde in den Kommissionsverhandlungen immer davon ausgegangen, daß die Vorschriften über die verbotenen Termingeschäfte nur den Inlandverkehr treffen. Sind diese an einer ausländischen Börse geschlossenen Geschäfte aber erlaubte Börsentermingeschäfte, so finden auf sie nicht die §§ 63—65 u. 67—70 BörsGes., sondern die §§ 52—61 BörsGes. Anwendung, wie sie oben Anm. 1ff. erörtert worden sind. Hieraus folgt, daß diese Auslandsgeschäfte wie die erlaubten inoffiziellen Termingeschäfte zu behandeln sind; d. h. der Anm. 109

Erl. zu § 376. Differenz- und Spieleinwand findet unbeschränkt neben dem Einwande statt, daß das Geschäft deshalb unwirksam sei, weil die Börsentermingeschäftsfähigkeit fehle (hierüber oben Anm. 72).
Anm. 109. Daß beide Teile Börsentermingeschäftsfähigkeit besitzen, steht dem Differenz- oder Spieleinwand nicht entgegen (unten Anm. 113). Nach altem Recht waren diese Auslandsgeschäfte bevorzugt; es konnte der Differenz-Spieleinwand nicht erhoben werden, wenn der Registereinwand versagte (Düringer-Hachenburg 3, 267). Über die Vollstreckbarkeit ausländischer Urteile für im Ausland abgeschlossene und zu erfüllende Börsentermingeschäfte gilt das zu Anm. 73 oben Erörterte.

Anm. 110. 6. Ein **Vergleich** über ein verbotenes Börsentermingeschäft ist ebenso unwirksam wie das Geschäft selbst (vgl. RG. 37, 417; 47, 52); das gilt selbst für den gerichtlichen Vergleich, wenn nicht etwa gerade die Gültigkeit des Geschäfts als Börsentermingeschäft Gegenstand des Streites war und dieser Streit verglichen werden wollte. Denn wenn die Gültigkeit des Geschäfts in Frage stand und der Vergleich diese Ungewißheit zu lösen bestimmt war, so ist jeder Vergleich gültig, auch wenn er kein gerichtlicher war, und selbst dann, wenn er in Form eines abstrakten Anerkenntnisses oder Schuldversprechens gekleidet worden ist; die Wirkungslosigkeit eines Anerkenntnisses (oben Anm. 101) trifft nur Umgehungsgeschäfte, nicht aber einen solchen Vergleich. Es gilt hier das im bish. Erl. zu § 376 Anm. 27 Ausgeführte. Betrifft der Vergleich nur das Zustandekommen des Geschäfts oder dessen Vollzug, während gar keine Meinungsverschiedenheit über den Charakter des Geschäfts als eines verbotenen Börsentermingeschäfts vorhanden war, so ist der Vergleich unwirksam. Das auf einen derartigen Vergleich hin Geleistete kann aber nur zurückgefordert werden, wenn Gegenstand des Vergleichs ein Termingeschäft in Getreide oder Mehl war (hierüber oben Anm. 94). Eine im Vergleich liegende Verrechnung ist nach Maßgabe des oben Anm. 98 Auseinandergesetzten gültig, weil die Aufrechnung eine Art der Erfüllung ist.

Anm. 111. 7. Über den **Schiedsvertrag** kann auf das oben Anm. 75f. Dargelegte verwiesen werden.

Anm. 112. 8. **Die Ungültigkeit des Geschäfts muß von Amts wegen berücksichtigt werden.** Es ergibt sich dies aus der Fassung der §§ 63, 64 BörsGes. Im übrigen gilt hier Entsprechendes wie beim erlaubten, aber ungültigen Börsentermingeschäft (oben Anm. 79).

Anm. 113. 9. **Der Differenz- und Spieleinwand** findet gegen Ansprüche aus verbotenen Börsentermingeschäften nach Maßgabe der §§ 762, 764 BGB. statt. Das Börsengesetz enthält keine Beschränkung. Rein äußerlich genommen, sollte man meinen, § 68 BörsGes. wolle Vorschriften für alle Börsentermingeschäfte in Getreide und Mehl geben, wenn sie Spielcharakter zeigen. Diese Absicht verfolgt aber § 68 BörsGes. überhaupt nicht, sondern er bezieht sich ganz allein auf das in § 67 BörsGes. geordnete handelsrechtliche Lieferungsgeschäft. Aus den Kommissionsverhandlungen ergibt sich dieser Zweck des § 68 BörsGes. deutlich. Die Eingangsworte des § 68 BörsGes., die von einem auf Lieferung lautenden Vertrag reden, machen es auch klar, daß § 68 BörsGes. nicht von einem Börsentermingeschäft handelt, dessen Wesen einem auf Lieferung lautenden Vertrag gerade entgegengesetzt ist (hierüber s. Näheres unten Anm. 116 u. 129). Für das verbotene Termingeschäft kommt es nicht darauf an, ob das Geschäft ein offizielles oder ein inoffizielles war oder ob Börsentermingeschäftsfähigkeit vorhanden ist. Die Einteilung in offiziellen und inoffiziellen Terminhandel hat nur für das erlaubte Termingeschäft materiellrechtliche Bedeutung (oben Anm. 78ff.). Der Differenz- und Spieleinwand ist übrigens bei den verbotenen Termingeschäften wertlos. Denn bei dem Termingeschäft in Getreide und Mehl steht sich der Terminschuldner günstiger, wenn er den Spielaufwand nicht erhebt, weil er dann nach § 66 Abs. 2 BörsGes. das Geleistete unter Umständen noch zurückfordern kann; bei den anderen verbotenen Termingeschäften steht sich der Terminschuldner nach § 64 BörsGes. aber gerade so, wie wenn er den Spieleinwand erhoben hätte; denn das Geleistete kann in keinem Falle zurückgefordert werden. Über die Auslandsgeschäfte s. noch oben Anm. 109.

Anm. 114. 10. Die **Schlußscheine** sind stempelpflichtig, weil die Geschäfte erfüllbar sind (vgl. auch oben Anm. 86).

III. Die handelsrechtlichen Lieferungsgeschäfte in Getreide und Erzeugnissen der Getreidemüllerei.

Erl. zu § 376.

A. **Maßgebend sind die folgenden Paragraphen des Börsengesetzes:** Anm. 115.

§ 67. Die Vorschriften der §§ 50 bis 66 finden keine Anwendung auf den Kauf oder die sonstige Anschaffung von Getreide oder Erzeugnissen der Getreidemüllerei, wenn der Abschluß nach Geschäftsbedingungen erfolgt, die der Bundesrat genehmigt hat, und als Vertragschließende nur beteiligt sind:

1. Erzeuger oder Verarbeiter von Waren derselben Art, wie die, welche den Gegenstand des Geschäfts bilden, oder
2. solche Kaufleute oder eingetragene Genossenschaften, zu deren Geschäftsbetriebe der Ankauf, der Verkauf oder die Beleihung von Getreide oder Erzeugnissen der Getreidemüllerei gehört.

In den Geschäftsbedingungen muß festgesetzt sein:

1. daß im Falle des Verzugs der nichtsäumige Teil die Annahme der Leistung nicht ablehnen kann, ohne dem säumigen Teile eine angemessene Frist zur Bewirkung der Leistung zu bestimmen;
2. daß nur eine Ware geliefert werden darf, die vor der Erklärung der Lieferungsbereitschaft (Andienung) von beeidigten Sachverständigen untersucht und lieferbar befunden worden ist;
3. daß auch eine nicht vertragsmäßig beschaffene Ware geliefert werden darf, wenn der Minderwert nach der Feststellung der Sachverständigen eine bestimmte Höhe nicht überschreitet und dem Käufer der Minderwert vergütet wird, sowie daß ein von den Sachverständigen festgestellter Mehrwert bis zu einer bestimmten Höhe dem Verkäufer zu vergüten ist.

§ 68. Wird ein auf Lieferung von Getreide oder Erzeugnissen der Getreidemüllerei lautender Vertrag in der Absicht geschlossen, daß der Unterschied zwischen dem vereinbarten Preise und dem Börsen- oder Marktpreise der Lieferungszeit von dem verlierenden Teile an den gewinnenden gezahlt werden soll, so finden die Vorschriften des § 66 auch dann Anwendung, wenn es sich nicht um ein verbotenes Börsentermingeschäft handelt. Dies gilt auch dann, wenn nur die Absicht des einen Teiles auf die Zahlung des Unterschieds gerichtet ist, der andere Teil aber diese Absicht kennt oder kennen muß.

Die Vorschriften der §§ 762, 764 des Bürgerlichen Gesetzbuchs bleiben bei einem auf die Lieferung von Getreide oder Erzeugnissen der Getreidemüllerei lautenden Vertrag außer Anwendung.

Nach § 70 BörsGes. (oben Anm. 87) werden die Aufträge und die Vereinigungen zum Abschlusse solcher handelsrechtlichen Lieferungsgeschäfte gleich behandelt wie diese Geschäfte selbst.

B. **Der Grundgedanke dieser Vorschriften** geht dahin: Börsentermingeschäfte in Getreide **und Mehl** sind verboten (§ 65 BörsGes.; oben Anm. 87ff.). Das alte Börsengesetz enthielt schon dieses Verbot. An der Berliner Produktenbörse hatte man deshalb den Versuch gemacht, das Börsentermingeschäft in Getreide und Mehl in der Form von handelsrechtlichen Lieferungsgeschäften zu betreiben; die Schlußnote, die auf Zeitgeschäft in effektivem Getreide lautete, sah ausdrücklich die Anwendung des § 326 Abs. 1 BGB., also eine Nachfristsetzung vor (Abdr. bei Rießer, Die handelsr. Lieferungsgeschäfte S. 80ff.). Da diese Abschlüsse aber gerade das charakteristische Zeichen des Börsentermingeschäfts, wie solches die Rechtsprechung des Reichsgerichts verstand, nämlich das Handeln nach gewissen Mengeneinheiten und Typen aufwiesen, war es zweifelhaft, ob dieses Auskunftsmittel vor der Rechtsprechung bestehen würde. Zur Hebung dieser Zweifel verneint der Gesetzgeber bei solchen Geschäften ausdrücklich, daß sie Börsentermingeschäfte seien, wenn der Abschluß nach bundesrätlich genehmigten Geschäftsbedingungen einer Produktenbörse erfolgt und sich auf bestimmte Personen beschränkt, Anm. 116.

Erl. zu § 376.

Anm. 116. denen nach Beruf oder Gewerbe die nötigen Kenntnisse zuzutrauen sind (§ 67 Abs. 1 Nr. 1 u. 2). Um das Geschäft vom Börsentermingeschäft deutlich zu trennen und als Zeitgeschäft mit effektiver Ware zu kennzeichnen, sind zwingende Vorschriften über den Vertragsinhalt (Nachfristsetzung, Lieferbarkeit, Arbitrage) gegeben (§ 67 Abs. 2 Nr. 1—3 BörsGes.). Bewegt sich der Abschluß innerhalb dieser Grenzen, so finden nicht die Vorschriften über Börsentermingeschäfte, sondern die Vorschriften des BGB. und des HGB. über den Kauf oder die sonstige Anschaffung von beweglichen Sachen Anwendung. Jedoch mit einer Besonderheit: wenn nämlich ein Geschäft durchaus nach den in § 67 BörsGes. vorgeschriebenen Formen abgeschlossen worden ist, so können diese Formen doch zur Verdeckung eines Differenz- oder Spielgeschäfts mißbraucht werden; in diesem besonderen Falle steht das Geschäft in seinen zivilrechtlichen Folgen der Übertretung des Verbotes von Börsentermingeschäften in Getreide und Mehl gleich (§ 68 BörsGes.; Näheres unten Anm. 129). Fehlt es an den in § 67 BörsGes. für das handelsrechtliche Lieferungsgeschäft vorgeschriebenen Formen, sind also die Parteien nicht mit der besonderen Geschäftsfähigkeit für handelsrechtliche Lieferungsgeschäfte ausgestattet, oder enthält das Geschäft nicht den mit zwingender Kraft vorgeschriebenen Inhalt, so ist das Geschäft wegen dieser Verstöße allerdings nicht als handelsrechtliches Lieferungsgeschäft aufrechtzuerhalten; es kommt dann darauf an, ob das Geschäft etwa ein Börsentermingeschäft darstellt; ist dies der Fall, so kommen die Grundsätze zur Anwendung, welche für das verbotene Börsentermingeschäft in Getreide und Mehl oben Anm. 87ff. dargestellt sind.

Anm. 116a. Dabei ist aber zu bemerken, daß, wenn es sich um Feststellung des Vertragsinhalts handelt, und um die Frage, ob danach allen Erfordernissen des § 67 BörsGes. genügt ist, gegenüber angeblichen mündlichen Nebenberedungen der Grundsatz von der Vollständigkeit der Vertragsurkunde durchgreift (vgl. RG. in LZ. 08 947[6]; hierüber § 350 Anm. 59ff.). Anders verhält es sich, wenn der Spieleinwand vorgeschützt wird (hierüber unten Anm. 184).

Anm. 117. C. **Der Begriff des handelsrechtlichen Lieferungsgeschäfts nach § 67 BörsGes.** Das handelsrechtliche Lieferungsgeschäft des § 67 BörsGes. dient, wie das Börsentermingeschäft, dem börsenmäßigen Zeithandel in Getreide und Erzeugnissen der Getreidemüllerei; es ist nicht notwendig, daß eine festbestimmte Lieferzeit oder Lieferfrist ausgemacht ist; aber es ist doch die Regel. Die Verwandtschaft mit dem Börsentermingeschäft zeigt sich vornehmlich darin, daß diese Geschäfte, gerade wie die Börsentermingeschäfte, der Individualität entbehren, daß die Waren in genau bestimmten Mindestmengen von typischer Beschaffenheit gehandelt werden und der jederzeitige Abschluß eines Gegen- oder Deckungsgeschäfts ermöglicht wird, so daß das Endergebnis auf die Zahlung des Preisunterschiedes hinausläuft. Hierin besteht der Unterschied von dem auf effektive Lieferung gerichteten Handel mit individuell bestimmter Ware; dieser letztere Handel fällt, auch wenn er sich an der Produktenbörse vollzieht, nicht unter den besonderen Begriff des handelsrechtlichen Lieferungsgeschäfts im Sinne des § 67 BörsGes. Ungeachtet dieser großen Übereinstimmung des handelsrechtlichen Lieferungsgeschäfts mit dem Börsentermingeschäft lehnt der Gesetzgeber es ab, das handelsrechtliche Lieferungsgeschäft als eine Unterart des Börsentermingeschäfts behandeln zu lassen. Dieser Wille ist einmal dadurch zum Ausdruck gebracht, daß den §§ 50—66 BörsGes. die Anwendung versagt wird und sodann dadurch, daß das handelsrechtliche Lieferungsgeschäft als Kauf- oder Anschaffungsgeschäft bezeichnet wird und eine andere Art von Geschäftsfähigkeit geschaffen ist. Das handelsrechtliche Lieferungsgeschäft gilt daher nicht nur nicht als Börsentermingeschäft, wie § 50 RegEntw. vorschlug, sondern es ist nach dem Willen des Gesetzgebers gerade im Gegensatz zum Börsentermingeschäft als ein Kauf- oder Anschaffungsgeschäft gedacht, welches, abgesehen von den Sondervorschriften der §§ 67, 68—70 BörsGes. ganz den allgemeinen Vorschriften des BGB. und des HGB. unterliegt. Von diesen Sondervorschriften stellt § 67 BörsGes. die wesentlichen Erfordernisse auf, die zum handelsrechtlichen Lieferungsgeschäfte gehören; § 68 BörsGes. regelt den Spieleinwand gegen Ansprüche aus dem handelsrechtlichen Lieferungsgeschäft (oben Anm. 113 u. unten Anm. 129).

D. **Die Erfordernisse des handelsrechtlichen Lieferungsgeschäfts:** **Erk. zu § 376.**

1. Es müssen Kauf- oder sonstige Anschaffungsgeschäfte in Getreide oder Erzeugnissen der Getreidemüllerei sein. Zunächst muß es also ein Geschäft in Getreide oder Erzeugnissen der Getreidemüllerei (also in Mehl) sein. Sodann muß das Geschäft ein Kauf oder ein sonstiges Anschaffungsgeschäft nach § 1 Anm. 33ff. sein. Daß das Geschäft mit festbestimmter Lieferzeit oder Lieferfrist abgeschlossen sein müßte, ist nicht vorgeschrieben; regelmäßig wird aber eine dahingehende Vereinbarung getroffen werden (oben Anm. 117). Anm. 118.

2. Das Geschäft muß nach Geschäftsbedingungen geschlossen sein, die vom Bundesrat für das handelsrechtliche Lieferungsgeschäft festgesetzt sind. Gemeint sind die Geschäftsbedingungen, die der Bundesrat der einzelnen Produktenbörse vorzuschreiben hat. Für die Berliner Produktenbörse hat der Bundesrat solche Bedingungen bereits aufgestellt (Bekanntm. d. Reichsk. vom 29. Mai 08, RAnz. Nr. 127). Anm. 119.

3. Beide Vertragschließende müssen die besondere Geschäftsfähigkeit für solche Geschäfte besitzen. Es gibt zwei Gruppen derartig geschäftsfähiger Personen. Die Vertragschließenden müssen einer dieser zwei Gruppen angehören. Anm. 120.

a) Die erste Gruppe Geschäftsfähiger bilden die Erzeuger und Verarbeiter gleichartiger Ware (§ 67 Abs. 1 Nr. 1 BörsGes.). Auf die Eigenschaft eines gelernten Landwirts kommt es nicht an, sondern nur darauf, ob gerade diejenige Art von Getreide, in welcher das Geschäft abgeschlossen worden ist, von der Partei erzeugt oder verarbeitet wird. Als Getreidearten sind z. B. nach den genehmigten Bedingungen der Berliner Produktenbörse Weizen, Roggen, Hafer und Mais für das handelsrechtliche Lieferungsgeschäft vorgesehen. Wer nur Weizen erzeugt oder verarbeitet, ist nicht geschäftsfähig für ein Geschäft in Mais. Nur wenn beide Teile Weizen erzeugen oder verarbeiten, sind sie für Abschlüsse in Weizen geschäftsfähig; aber nicht für Abschlüsse in Roggen. (Einem verwandten Gedanken begegnet man bei Abgrenzung der Börsentermingeschäftsfähigkeit der Börsenbesucher hinsichtlich erlaubter Börsentermingeschäfte; oben Anm. 22.) Was den Handel in Erzeugnissen der Getreidemüllerei, also in Mehl, angeht, so verhält es sich ebenso. Wer Mehl (und zwar kommt nach den Berliner Bedingungen nur Roggenmehl in Betracht) erzeugt oder verarbeitet, ist nur für die von ihm erzeugte Mehlart, nicht aber für eine andere Mehlart und nicht für Getreide geschäftsfähig; denn Getreide ist eine andere Art von Waren als Mehl, auch wenn man Roggen mit Roggenmehl vergleicht. Auf den Umfang der Erzeugung oder der Verarbeitung kommt es nicht an; nur darf der Umfang nicht so unbedeutend sein, daß dadurch die Möglichkeit der Erkenntnis der Gefahren des Geschäfts ausgeschlossen erscheint. — Als Erzeuger von Getreide ist der anzusehen, welcher in eigenem Namen und auf eigene Rechnung das Getreide erzeugt; ob die Erzeugung in eigenem oder in gepachtetem landwirtschaftlichen Betriebe vor sich geht, bleibt bedeutungslos; ebenso ist es ohne Belang, ob der Erzeuger den Betrieb selbst leitet oder die Leitung andern überläßt. Der Besitz eines landwirtschaftlichen, zur Getreideerzeugung benutzten Grundstücks macht den Besitzer noch nicht zum Erzeuger. Der Eigentümer, der sein Grundstück verpachtet, ist z. B. Besitzer, aber noch nicht Erzeuger; sein Pächter ist aber Besitzer und Erzeuger. Der Nutznießer eines Grundstücks ist zwar Besitzer, ist aber nicht Erzeuger, wenn er die Landwirtschaft nicht betreibt. Ob die Landwirtschaft, in der die Erzeugung stattfindet, im Nebengewerbe oder als Hauptgewerbe betrieben wird, ist unerheblich. — Verarbeiter von Getreide ist der Landwirt, welcher das Getreide in seinem Betriebe als Haupt- oder Nebengewerbe zum Säen, zum Füttern verbraucht; ebenso der Müller ohne Rücksicht auf Groß- oder Kleinbetrieb (Kundenmüllerei), und der, welcher in eigenem Namen und für eigene Rechnung die Landwirtschaft oder Müllerei betreibt. Verarbeiter von Mehl ist der Bäcker und Konditor sowie der Landwirt, der Mehl in seinem Betriebe verbraucht, sowie der, welcher in eigenem Namen und für eigene Rechnung, wenn auch an Stelle des Eigentümers des Anwesens Mehl verbraucht. Anm. 121.

Darauf, ob nach dem Geschäftsbetrieb ein Bedürfnis zum Abschluß solcher Geschäfte vorhanden war, kommt es nicht an.

Erl. zu § 376.

Anm. 122. b) Die **zweite Gruppe Geschäftsfähiger** wird von den **Kaufleuten**, und zwar von den Vollkaufleuten gebildet, die Getreide oder Mehl kaufen, verkaufen oder beleihen (§ 67 Abs. 1 Nr. 2 BörsGes.). Für den Begriff des Kaufmannes ist lediglich die gesetzliche Definition der §§ 1—3 maßgebend. Die Eintragung zum Handelsregister ist nicht Voraussetzung der Geschäftsfähigkeit (anders § 53 Abs. 1 BörsGes. für die erlaubten Börsentermingeschäfte). Minderkaufleute (Kleingewerbetreibende und Handwerker) entbehren danach der Geschäftsfähigkeit, weil sie keine Vollkaufleute sind. Die Minderkaufleute sollen daher auch nicht zum Handelsregister eingetragen werden (§ 4 Anm. 23). Ist die Eintragung eines Minderkaufmanns aber (zu Unrecht) erfolgt, so gilt er als Kaufmann (§ 5) und hat damit die Geschäftsfähigkeit zu dem Abschluß der hier fraglichen Geschäfte erlangt. Der RegEntw. § 50 Nr. 2 wollte dem (zu Unrecht) eingetragenen Minderkaufmann den Registereinwand nach dem Vorbild des § 53 Abs. 1 BörsGes. gewähren (hierüber oben Anm. 18). Dieser Vorschlag ist nicht durchgedrungen. Ferner ist als Vollkaufmann der Minderkaufmann anzusehen, der als Vollkaufmann aufgetreten ist (hierüber s. Erl. zu § 5). Endlich besitzen die in § 6 Anm. 2 aufgezählten Handelsgesellschaften einschließlich der Gesellschaften m. b. H. die Kaufmannseigenschaft und die Geschäftsfähigkeit. Die eingetragenen Genossenschaften sind in § 67 Abs. 1 Nr. 2 BörsGes. aus demselben Grunde besonders aufgezählt, wie in §§ 53 Abs. 1, 54 Abs. 1 (hierüber oben Anm. 17). Endlich besitzen die Kaufmannseigenschaft und damit die Geschäftsfähigkeit die eintragungspflichtigen juristischen Personen (§ 33) und die nicht eintragungspflichtigen juristischen Personen des öffentlichen Rechts nach § 36. Die reinen Versicherungsvereine a. G. besitzen die Geschäftsfähigkeit nicht, wohl aber die sogenannten gemischten Versicherungsvereine a. G. (§ 1 Anm. 16). Im übrigen ist auf die Aufzählung der Einzelkaufleute in § 1 Anm. 18 zu verweisen. Aber nicht alle Vollkaufleute sind für das handelsrechtliche Lieferungsgeschäft geschäftsfähig, sondern nur solche Vollkaufleute, die in ihrem Geschäftsbetriebe mit **Getreide oder Mehl handeln oder dieses beleihen**. Der Handel mit Getreide oder Mehl — und dazu zählt auch die Beleihung — muß also Gegenstand des Gewerbebetriebes zur Zeit des Geschäftsabschlusses gewesen sein. Hieraus folgt, daß Landwirte, welche auf Grund eines Nebengewerbes nach § 3 Abs. 2 zum Handelsregister eingetragen wurden und durch diese Eintragung erst die Kaufmannseigenschaft erlangt haben, die hier geforderte Geschäftsfähigkeit nur dann besitzen, wenn zu diesem Nebengewerbe der An- oder Verkauf oder die Beleihung von Getreide oder Mehl gehörte. Die Beleihung ist erst von der RTK. dem An- und Verkauf von Getreide und Mehl als gleichwertig erachtet worden. Dadurch ist dem Bankier, der sich mit der Lombardierung von Getreide oder Mehl befaßt, die Geschäftsfähigkeit in obigem Sinne verliehen.

Besitzt ein Kaufmann die hier geforderte Vereigenschaftung, so kommt es nicht noch darauf an, ob er Getreide oder Mehl und welche Arten von Getreide oder Mehl er kauft, verkauft oder beleiht. Gleichartigkeit der Waren ist nur für die Geschäftsfähigkeit der Erzeuger und Verarbeiter von Getreide und Mehl erforderlich (oben Anm. 121).

Anm. 123. 4. Der **Geschäftsinhalt ist mit zwingender Kraft vorgeschrieben** („muß“ festgesetzt sein), und zwar nach drei Richtungen:

a) Beim **Erfüllungsverzug muß eine angemessene Nachfrist gemäß § 326 Abs. 1 BGB. eingeräumt sein**; das heißt, der § 326 Abs. 1 BGB. darf nicht durch Vereinbarung ausgeschlossen werden. Es ist zwar in § 67 Abs. 2 Nr. 1 BörsGes. der § 326 BGB. nicht ausdrücklich angezogen; aber es ist dessen Inhalt im wesentlichen gerade mit Rücksicht darauf in § 67 Abs. 2 Nr. 1 BörsGes. wiedergegeben, daß der auf ein Börsertermingeschäft hinweisende Fixcharakter beseitigt und die allgemeinen Rechtsgrundsätze des bürgerlichen und Handelsrechts mit Ausnahme des § 376 (Fixgeschäft) Anwendung finden sollen. Damit wird bestimmt, daß das Geschäft, das ja ein Zeitgeschäft ist, doch kein Fixgeschäft sein darf; d. h. der nicht säumige Teil behält auch nach eingetretenem Verzug das Recht auf Erfüllung, während beim Fixgeschäft umgekehrt der Nichtsäumige auf Erfüllung nur bestehen kann, wenn er dies dem Säumigen sofort angezeigt hat (§ 376 Anm. 18). Ist also der vereinbarte

Zeitpunkt der Lieferung eingetreten oder die Lieferfrist abgelaufen, so gelangt der nichtsäumige **Erk. zu**
Käufer zum Anspruch auf Schadensersatz wegen Nichterfüllung oder zum Rücktritt nur, indem **§ 376.**
er dem Gegner eine Nachfrist mit der Erklärung setzt, daß nach Ablauf der Frist die An- Anm. 123.
nahme der Leistung abgelehnt werde. Es gilt hier alles, was im Erk. zu § 374, insbesondere in Anm. 78ff., über die Fristbestimmung und die Ausübung des Wahlrechts zwischen Rücktritt und Schadensersatz wegen Nichterfüllung gesagt ist. Daß die Nachfrist eine angemessene sein muß, hebt § 67 Abs. 2 Nr. 1 BörsGes. noch ausdrücklich hervor, und ist wegen der Angemessenheit auf den Erk. zu § 374 Anm. 87ff. zu verweisen. Daher darf eine Nachfrist nicht dahin vereinbart sein, daß dem Säumigen eine Nachfrist von zwei Börsentagen in der Weise gewährt werde, daß das Geschäft, wenn der Säumige von der Nachfrist Gebrauch mache, von Ultimo auf den dritten Börsentag nach Ultimo prolongiert werde; das wäre keine Nachfrist zum Zweck der Erfüllung, sondern eine fixe Prolongation (RG. 44, 115; dagegen Rießer 25). Die Nachfrist muß den Umständen jedes einzelnen Falles angemessen sein und die Möglichkeit der Nachholung des Versäumten gewähren (Erk. zu § 374 Anm. 87ff.). Es kann auch nicht eine von vornherein bestimmte Nachfrist ein für allemal als angemessen für derartige Geschäfte angesehen werden; man käme sonst auf diesem Wege gerade zum Fixcharakter (der diesen Geschäften genommen werden sollte), wenn ganz gleichmäßig sämtlichen Parteien schablonenmäßig nach der Börsenordnung die gleiche Nachfrist gesetzt wird. Ist aber die gleichmäßig gesetzte Frist angemessen, so wird doch dieselbe Gestaltung herbeigeführt, wie beim Börsentermingeschäft (vgl. KG. v. 16. 1. 08, BankA. 08, 219 u. RG. in LZ. 08, 947 ⁶).

Der Nichtsäumige braucht aber keine Nachfrist zu setzen. Er kann auf der Erfüllung Anm. 124.
bestehen, neben welcher er auch Schadensersatz wegen verzögerter Erfüllung verlangen darf (Erk. zu § 374 Anm. 21ff. u. 55ff.). Im Falle des Annahmeverzugs steht dem Verkäufer das Recht des Selbsthilfeverkaufs zu, wenn die Voraussetzungen des § 373 gegeben sind. Auch § 325 BGB. kommt zur Anwendung, wenn Unmöglichkeit der Erfüllung vorliegt.

b) Die Lieferbarkeit der Ware muß vor der Andienung durch Sachverständige Anm. 125.
festgestellt sein (§ 67 Abs. 2 Nr. 2 BörsGes.). Bei Börsentermingeschäften in Waren gerät der Verkäufer in Erfüllungsverzug, wenn er vor Ablauf der Lieferfrist mangelhaft liefert (oben Anm. 85). Diese Vorschrift ist nur für das Börsentermingeschäft gegeben und hierher nicht einmal entsprechend zu übertragen. Allein die Börsenbedingungen (so auch die Berliner Bedingungen Ziff. II, oben Anm. 119) geben dem Verkäufer das Recht, innerhalb des vereinbarten Lieferungsmonats — das ist die üblichermaßen vereinbarte Zeit — nach seiner Wahl zu liefern. Der Verkäufer muß zu diesem Zweck dem Käufer seine Lieferungsbereitschaft erklären, d. h. die Ware andienen. Vor dieser Andienung muß die Ware von beeidigten Sachverständigen untersucht und für lieferbar erklärt sein. Über die Art der Andienung, die Aufstellung der Sachverständigen und deren Begutachtung und den Begriff der Lieferbarkeit verordnen die Börsenbedingungen das Nähere. Diese Feststellung der Lieferbarkeit hat die Wirkung, daß der Käufer die Ware als gehörig angedient gelten lassen muß; es ist damit aber noch nicht entschieden, ob die Ware auch vertragsmäßig beschaffen ist. Wurde Ware angedient, deren Lieferungsfähigkeit nicht in der hier vorgeschriebenen Weise zuvor festgestellt worden war, so ist zu unterscheiden, ob die Andienung vor oder nach Ablauf der Lieferfrist erfolgt. Hat die Ankündigung und Andienung vor Ablauf der Lieferfrist stattgefunden, so ist ungesetzliche und unkontraktliche Ware angeboten; jedoch hat dies nicht die Wirkung, daß nun Gewährleistungsansprüche entstehen, welche durch Arbitrage nach Anm. 126 zum Austrag zu bringen wären, sondern es ist Erfüllungsverzug eingetreten. Der Käufer muß dem Verkäufer eine angemessene Nachfrist nach § 326 BGB. setzen (oben Anm. 123). Erfolgt die Andienung nicht lieferungsfähiger Ware nach Ablauf der Lieferfrist, so kommt es darauf an, ob bereits Nachfrist nach § 326 BGB. gesetzt war oder nicht. War sie noch nicht gesetzt, so kann der Käufer die Ware zurückweisen und Nachfrist mit entsprechender Androhung setzen. War die Nachfrist mit Androhung nach § 326 BGB. bereits gesetzt, aber noch nicht abgelaufen, so kann durch Anbieten nicht vertragsmäßiger Ware der Verzug nicht geheilt werden. Mit Ablauf der

Exk. zu § 376. Frist tritt die angedrohte Folge des § 326 BGB. ein. Das heißt: der Käufer hat die Wahl zwischen Rücktritt und Schadensersatz wegen Nichterfüllung, wenn er diese Wahl nicht schon
Anm. 125. vorher getroffen hat (Exk. zu § 374 Anm. 99 u. 108ff.). War die Nachfrist des § 326 BGB. abgelaufen, so kann Erfüllung nicht mehr verlangt werden; es braucht selbst lieferungsfähige Ware nicht mehr angenommen zu werden. Wurde lieferungsfähige Ware innerhalb der richtigen Zeit angeboten, so muß die Ware als Erfüllung angenommen werden, und kommt es nun erst darauf an, ob die Ware auch vertragsmäßig war. Und zwar bedarf es, wenn der Käufer die Ware beanstanden will, nicht einer genau dem § 377 entsprechenden Mängelanzeige. Da nun Arbitrage eintritt (unten Anm. 126), genügt eine allgemein gehaltene vorläufige Rüge. Die eigentliche Mängelanzeige hat dem Spruch der Arbitratoren nachzufolgen (hierüber § 377 Anm. 32).

Anm. 126. c) **Die Vertragsmäßigkeit der gelieferten Ware muß von einer Arbitrage abhängig gemacht sein** (§ 67 Abs. 2 Ziff. 3 BörsGes.). Es läßt sich auf dem Markte häufig nicht völlig vertragsmäßige Ware beschaffen; kleinere Abweichungen innerhalb der usancemäßigen Qualität kommen vielfach vor. Solches mit kleineren Mängeln behaftetes Getreide oder Mehl darf der Käufer nicht zurückweisen, um alsdann daraus die Verzugsfolgen herzuleiten (Exk. zu § 374 Anm. 42). Diese Mängel müssen aber auch wirklich geringfügige, d. h. sie müssen innerhalb der usancemäßigen Qualität gelegen sein. Um jeden Streit über die Geringfügigkeit abzuschneiden, schreibt das BörsGes. vor, daß darüber Sachverständige als Arbitratoren zu entscheiden haben. Wird der hiernach ermittelte Minderwert vom Verkäufer dem Käufer und der so ermittelte Mehrwert vom Käufer dem Verkäufer vergütet, so ist das Lieferungsgeschäft erfüllt. Diese Klausel gehört zum Wesen des handelsrechtlichen Lieferungsgeschäfts und erträgt keine Einschränkung. Über die Ernennung der Sachverständigen und deren Verfahren befinden die Börsenbedingungen. Das Gutachten dieser Sachverständigen (die keine Schiedsrichter sind: vgl. oben Anm. 75) ist ein endgültiges. Im übrigen gilt hier das über die Arbitrage im Exk. vor § 373 Anm. 24 Ausgeführte (vgl. auch Exk. zu § 372 Anm. 46b). Nur wenn die Sachverständigen sich dahin aussprechen, daß mit der gelieferten Ware der Vertrag überhaupt nicht erfüllt werden könne, sind beiden Teilen ihre Rechte aus Erfüllungsverzug und Gewährleistung freigegeben. Dieser Sinn ergibt sich hier aus § 67 Abs. 2 Ziff. 3 BörsGes. Über die Verjährung der Gewährleistungsansprüche in diesem Fall siehe § 377 Anm. 190.

Anm. 127. E. **Fehlt es an einem dieser wesentlichen Erfordernisse** (das ist von Amts wegen zu prüfen), ist das Geschäft aber noch ein Kauf- oder ein sonstiges Anschaffungsgeschäft in Getreide oder Mehl (oben Anm. 118), so hat dies nur die Wirkung, daß eben die Handelsform des Lieferungsgeschäfts nicht vorhanden ist. Das Geschäft genießt dann nicht den Rechtsschutz, der dem handelsrechtlichen Lieferungsgeschäft in § 67 BörsGes. zugebilligt ist. Etwaige Verstöße gegen diese Handelsform können nicht durch Annahme der Leistung als Erfüllung geheilt werden; das Geleistete, einschließlich des Aufgerechneten, kann zurückgefordert werden. Es gibt keine Übernahme von Verbindlichkeiten zum Zweck der Erfüllung; Sicherheitsleistungen, Verbürgungen, Anerkenntnisse sind wirkungslos. Dies ergibt sich aus § 67 Abs. 1 BörsGes., welcher auch die entsprechende Anwendung der §§ 50—66 BörsGes. ausschließt. Damit ist aber noch nicht gesagt, daß das Geschäft überhaupt ungültig ist. Ist ein Geschäft nicht nach den bundesrätlich genehmigten Bedingungen abgeschlossen (oben Anm. 119), oder fehlt es einer Partei an der besonderen, hier geforderten Geschäftsfähigkeit (oben Anm. 120ff.) oder wird dem Geschäft nicht der vorgeschriebene Inhalt gegeben (oben Anm. 123), so kann doch immer noch ein verbotenes Börsentermingeschäft in Getreide oder Mehl vorliegen, welches alsdann nach den für diese Geschäftsform gegebenen Regeln zu beurteilen ist. Aus der Nichteinhaltung der für das Lieferungsgeschäft gegebenen Vorschriften kann sich auch ohne weiteres der Spielcharakter ergeben, obgleich das Geschäft ein Börsentermingeschäft sein kann. Wenn z. B. ein Offizier, ein Beamter, ein Rentner, der nie Getreide oder Mehl erzeugte oder verarbeitete, ein Börsentermingeschäft in Getreide oder Mehl abschließt, wird ohne weiteres die Spielabsicht angenommen werden dürfen (vgl. auch oben Anm. 113). Über den Differenz- und Spieleinwand siehe unten Anm. 129.

F. **Ist aber allen Erfordernissen genügt, so ist das Geschäft gültig;** es kann — mag das **Erl. zu** Geschäft auch noch so sehr das Wesen eines Börsentermingeschäfts zeigen — doch nicht als **§ 376.** solches behandelt werden. Auch eine entsprechende Anwendung der für Börsentermingeschäfte Anm. 128. gegebenen Vorschriften ist unmöglich. Denn die §§ 50—66 BörsGes. sind ausdrücklich und unbedingt in § 67 BörsGes. ausgeschlossen. Wohl aber ist der Differenz- und Spieleinwand zulässig mit der Wirkung, daß das Geleistete innerhalb zweier Jahre, geradeso wie bei dem verbotenen Börsentermingeschäft in Getreide und Mehl, zurückgefordert werden kann (hierüber folg. Anm.).

G. **Der Differenz- und Spieleinwand beim formell gültigen handelsrechtlichen Lieferungs-** Anm. 129. **geschäft** ist vom Gesetz ganz besonders geordnet (§ 68 BörsGes. bezieht sich nur hierauf; oben Anm. 113). Es muß das Geschäft den Charakter des Differenz- oder Spielgeschäfts angenommen haben und zwar, da diese Geschäfte sich an der Produktenbörse abspielen, des Börsenspiels insbesondere. Der Abs. 2 des § 68 BörsGes. erklärt allerdings die die bürgerlichen Differenz- und Spielgeschäfte regelnden §§ 762, 764 BGB. für unanwendbar. Dies geschah jedoch nur, weil die Begriffsbestimmung des bürgerlichen Differenz- und Spielgeschäfts bereits wörtlich in Abs. 1 des § 68 BörsGes. aufgenommen ist, wenn man den dort ebenfalls anzogenen Abs. 1 des § 66 BörsGes. mit berücksichtigt, der den Abs. 1 des § 762 BGB. wiedergibt. Es verbleibt also bei der Begriffsbestimmung das Differenz- und Spielgeschäft des bürgerlichen Rechts nach § 764 Abs. 1 Satz 2 BGB. auch darin, daß es genügt, wenn auch nur die Spielabsicht auf einer Seite vorhanden war, der andere Teil aber die Absicht kannte oder kennen mußte (hierüber Näheres unten Anm. 155f.). Die Schwierigkeit liegt nur in Beantwortung der Frage, wann eine solche Spielabsicht anzunehmen ist, obgleich äußerlich allen Ansprüchen genügt wurde, welche das Gesetz an ein handelsrechtliches Lieferungsgeschäft stellt. Darüber, daß das für den soliden Kaufmann, den Getreideimporteur und den soliden Leiter eines Müllereibetriebs unentbehrliche effektive Deckungs- oder Versicherungsgeschäft, also das notwendige Zeitgeschäft, von dem Spieleinwand nicht getroffen werden soll, kann kein Zweifel bestehen (vgl. Nußbaum DJZ. 08, 795); nur das wirtschaftlich unberechtigte Geschäft soll mit dem Differenz- und Spieleinwand angegriffen werden können, so daß das Geschäft in seinen zivilrechtlichen Folgen einem verbotenen Termingeschäft in Getreide und Mehl gleichsteht (Berichterstatter Weber und Minister Delbrück, RTProt. 4748 A u. 4766 A). In der Kommission (KB. S. 27) wurde ein Beispiel des wirtschaftlich berechtigten Geschäfts dahin gegeben: eine Genossenschaft, die an einen nicht abnahmefähigen Müller verkauft habe, verkaufe, um ihr Getreide loszuwerden, denselben Posten an der Produktenbörse in Form des handelsrechtlichen Lieferungsgeschäfts; dieses Verkaufsgeschäft gleiche die Genossenschaft durch ein Gegengeschäft an derselben Börse aus, wenn sie den Posten Getreide an einen Konsumenten zu höherem Preise abgeben könne. Die wirtschaftliche Berechtigung des Abschlusses sollte zum gesetzlichen Kriterium dadurch erhoben werden, daß der RegEntw. zu § 50 Abs. 1 Ziff. 1 vorschlug, es sollten nur solche Landwirte als geschäftsfähig erklärt werden, deren Jahreserzeugung oder Jahresverbrauch die bei dem Geschäfte gehandelte Menge der Ware erreicht; dieser Vorschlag ist wegen der Unsicherheit der Kennzeichnung abgelehnt worden. Wenn nun auch nicht das Geschäft im Verhältnis zum Geschäftsumfange oder zu dem Vermögen zu stehen braucht, so ist für den Spielcharakter des Geschäfts aber der Umstand, daß ein Landwirt offensichtlich weit über die verwendbare Menge hinaus abschließt, wohl von Bedeutung; denn es wird dann an dem wirtschaftlichen Zweck, der als ausschlaggebend zu gelten hat, fehlen. Ebenso würde sich die Spielabsicht ergeben, wenn die Nachfrist nur zum Schein vereinbart wurde (oben Anm. 123) oder wenn jedem Teil das Recht eingeräumt wurde, statt der Erfüllung nur die Differenz zu zahlen oder zu verlangen, oder wenn, was auf dasselbe hinausläuft, dem Käufer ein Rückverkaufsrecht oder dem Verkäufer ein Rückkaufsrecht vorbehalten wurde, also das Recht, auf Ultimo, ein Gegengeschäft zum Ultimopreis zu machen.

Ist das handelsrechtlich gültige Lieferungsgeschäft zum Börsenspiel mißbraucht worden, so entsteht aus dem Geschäft keine Verbindlichkeit, das Geleistete kann innerhalb zweier Jahre

Erl. zu § 376. Anm. 129. gerade wie beim verbotenen Börsentermingeschäft zurückgefordert werden, und es ist nicht nötig, daß das Lieferungsgeschäft den Charakter des Börsentermingeschäfts angenommen haben mußte, wie Hemptenmacher § 68 Bem. 1 annimmt; es genügt der Spielcharakter ganz allein. Sicherheitsleistungen sind unwirksam, denn es ist eine klagbare Verbindlichkeit, ebenso wie beim Spielgeschäft, nicht vorhanden (§§ 68 Abs. 1, 66 Abs. 1 BörsGes.). Verbindlichkeiten zum Zweck der Erfüllung können wie beim bürgerlichen Spielgeschäft nicht übernommen werden; Anerkenntnisse sind unwirksam (§ 69 BörsGes.). Und das alles gilt auch für die Erteilung und Übernahme von Aufträgen und von Vereinigungen zum Zweck des Abschlusses solcher Spielgeschäfte (§ 70 BörsGes.). Aus alledem ergibt sich, daß das handelsrechtliche Lieferungsgeschäft als Differenz- oder Spielgeschäft sich von dem bürgerlichen Differenz- und Spielgeschäft der §§ 762, 764 BGB. nur dadurch unterscheidet, daß das auf Grund des Geschäfts Geleistete zweijähriger Rückforderung unterliegt.

Anm. 130. 1. **Das auf Grund des Geschäfts Geleistete kann innerhalb zweier Jahre zurückgefordert werden.** Dies bestimmt § 68 Abs. 1 BörsGes., indem dort gesagt wird, die Vorschriften des § 66 BörsGes. sollen auch dann Anwendung finden, wenn es sich nicht um ein verbotenes Börsentermingeschäft handelt. Damit wollte ausgedrückt werden, daß das handelsrechtliche Lieferungsgeschäft, obgleich es kein Börsentermingeschäft ist, einem solchen doch gleichstehen soll, wenn der Differenz- oder Spieleinwand sich als begründet erweist (RTProt. 4748A u. 4766A (a. M. Hemptenmacher § 68 Bem. 1, der nur bei Börsentermingeschäften den § 68 anwenden und Apt § 68 Bem. 4, der nur den Differenz-, aber nicht den Spieleinwand zulassen will). Die Rückforderung findet aber nur statt, wenn der Rückforderungsberechtigte innerhalb zweier Jahre von der Leistung an schriftlich die Rückgabe verlangt hat; hierüber gilt das über das verbotene Börsentermingeschäft in Getreide und Mehl Ausgeführte (oben Anm. 94). Der Rückgabeanspruch gründet sich hier wie dort darauf, daß aus einem Spielgeschäft keine klagbare Verbindlichkeit entsteht (§§ 66 Abs. 1, 68 Abs. 1 BörsGes.). Also selbst wenn Wechsel, Schecks, Verpflichtungsscheine mit Einwilligung des Spielschuldners einkassiert worden sind, findet die Rückforderung innerhalb der zwei Jahre statt (vgl. auch oben Anm. 49f.).

Anm. 131. a) Pfandbestellungen und Sicherheitsleistungen sind schon an sich keine Leistungen auf Grund des Hauptgeschäfts (oben Anm. 48); sie sind aber noch ausdrücklich in §§ 68 Abs. 1, 66 Abs. 1 Satz 2 BörsGes. als unwirksam erklärt; sie können auch nach Ablauf der zweijährigen Frist zurückgefordert werden. Unter Umständen kann aus einer Verpfändung allerdings eine Erfüllungsleistung hervorgehen (hierüber oben Anm. 48 u. 63).

Anm. 132. b) Die vertragliche Aufrechnung ist an sich wirksame Erfüllungsleistung. Hierüber gilt das oben Anm. 55 u. 98 Ausgeführte in entsprechender Anwendung mit dem Zusatz, daß innerhalb zweier Jahre auch hier die Rückforderung zugelassen ist (oben Anm. 130f. u. 94).

Anm. 133. c) Das Kontokorrent enthält, wenn der Saldo anerkannt ist, eine vertragsmäßige Aufrechnung. Das Anerkenntnis ist wirkungslos (§ 69 BörsGes.). Das Anerkenntnis enthält aber zugleich eine Willenseinigung dahin, daß das Aufgerechnete als aufgerechnet, d. h. als Erfüllung gelten soll. Diese zwei Seiten des Saldoanerkenntnisses mit den daraus sich ergebenden Folgen sind eingehend in § 355 Anm. 2f., 30f. sowie im bish. Erl. zu § 376 Anm. 16–18 erörtert und in ihrem Einfluß dargestellt, wenn das Kontokorrent erlaubte, aber klaglose Termingeschäfte (oben Anm. 56f.), und wenn es verbotene Termingeschäfte enthält (oben Anm. 99). An letzterer Stelle ist bereits hervorgehoben, daß die verbotenen Termingeschäfte erfüllbar sind wie die erlaubten aber klaglosen Börsentermingeschäfte, daß die verbotenen Börsentermingeschäfte daher auch bezüglich der Kontokorrentaufrechnung den erlaubten, aber klaglosen Termingeschäften gleich zu behandeln sind, daß also das zu Anm. 56 u. 57 Entwickelte auch für die verbotenen Termingeschäfte mit Ausnahme der verbotenen Termingeschäfte in Getreide und Mehl gilt. Denn bei Termingeschäften der letzteren Art kann die vertragsmäßige Aufrechnung innerhalb zweier Jahre rückgängig gemach werden. Diesen Geschäften steht das handelsrechtliche Lieferungsgeschäft, wenn es ein Spielgeschäft ist, auch hier gleich (oben Anm. 130). Der anerkannte Kontokorrentsaldo schafft daher, wenn bei seiner Auflösung handelsrechtliche Lieferungsgeschäfte mit Differenz- oder Spielcharakter zum Vorschein kommen, noch kein endgültiges Ergebnis, sondern es kommt darauf an, wie sich infolge gehörigen Widerrufs und Rückgabeverlangens nach Ausscheiden dieser Posten das Aufrechnungsergebnis gestaltet. Die zweijährige Widerrufsfrist läuft von Anerkennung des Saldos an als dem Tag des Aufrechnungsvertrages. **Erk. zu § 376.** Anm. 133.

d) Ein Rückforderungsrecht aus sonstigem Grunde ist auch hinsichtlich dessen zulässig, was auf Grund des Geschäfts geleistet wurde, nach Ablauf der zweijährigen Rückforderungsfrist. Es gilt hierwegen das oben Anm. 30f. u. 60 sowie im bish. Erk. zu § 376 Anm. 26 Ausgeführte. Anm. 134.

2. **Verbindlichkeiten zum Zweck der Erfüllung des in Form des handelsrechtlichen Lieferungsgeschäfts abgeschlossenen Spielgeschäfts sind ungültig** (§ 69 BörsGes.). Es ist hier dieselbe Vorschrift gegeben wie für die erlaubten Börsentermingeschäfte in § 59 BörsGes. und für die verbotenen Börsentermingeschäfte in § 69 BörsGes. Anm. 135.

a) Dem Schuldanerkenntnis wird noch ausdrücklich jede Bedeutung versagt. Es gilt hier das oben Anm. 101 Entwickelte in entsprechender Anwendung. Das auf ein solches Anerkenntnis hin Geleistete kann innerhalb zweier Jahre zurückgefordert werden (oben Anm. 130). Über das Anerkenntnis eines Kontokorrents siehe oben Anm. 133. Anm. 136.

b) Die Eingehung von Wechselverbindlichkeiten gehört zu diesen unstatthaften Verbindlichkeiten, die § 69 BörsGes. nicht zuläßt. Es gilt hierwegen das im bish. Erk. zu § 376 Anm. 22—24 sowie oben Anm. 49 u. 103 Bemerkte mit der Maßgabe, daß die Rückforderung des etwa auf die Wechsel als Erfüllung Geleisteten während zweier Jahre stattfindet (oben Anm. 130 u. 94). Anm. 137.

c) Bürgschaften, Verpfändungen für solche Geschäfte sind unwirksam. Es gilt das oben Anm. 46ff., 65, 68 Dargelegte in entsprechender Anwendung, wonach insbesondere das infolge einer solchen Bürgschaft oder Verpfändung Geleistete zwei Jahre lang zurückgefordert werden kann (oben Anm. 130 u. 94). Anm. 138.

d) Schuldübernahmen und Schuldumwandlung sind gleichfalls ohne rechtliche Wirkung (vgl. hierüber bish. Erk. zu § 376 Anm. 14 u. 20; es gilt hier das Entsprechende). Anm. 139.

3. **Aufträge und Vereinigungen zum Abschluß handelsrechtlicher Lieferungsgeschäfte als Differenz- oder Spielgeschäfte sind in derselben Weise zu behandeln wie die handelsrechtlichen Lieferungsgeschäfte, die Differenz- oder Spielgeschäfte sind.** Es wird hier dieselbe Regel aufgestellt, wie bei den Aufträgen und Vereinigungen zum Abschluß verbotener Börsentermingeschäfte (§ 70 BörsGes.; oben Anm. 107). Man begegnet dem entsprechenden Grundsatz bei den erlaubten Börsentermingeschäften (§ 60 BörsGes.; oben Anm. 68ff.). Es darf auf das dort Ausgeführte Bezug genommen werden, jedoch mit Berücksichtigung des Umstandes, daß das Geleistete zwei Jahre lang zurückgefordert werden kann (oben Anm. 130ff. u. 94). Aufträge und Gesellschaftsverträge können also nicht durch Verbindlichkeitsübernahme, Schuldanerkenntnis, Wechselausstellung, Bürgschaft, Verpfändung, Schuldübernahme oder Schuldumwandlung Rechtswirksamkeit erlangen (oben Anm. 135ff.). Das bestimmen die §§ 70, 69 BörsGes. noch besonders. Anm. 140.

4. Ein **Vergleich** über ein solches Spielgeschäft ist ebenso unwirksam wie das Geschäft selbst. Es gilt hier das für das verbotene Börsentermingeschäft (oben Anm. 110) Ausgeführte und das im bish. Erk. zu § 376 Anm. 27 Dargelegte in entsprechender Anwendung. Das auf einen unwirksamen Vergleich Geleistete kann während zweier Jahre zurückgefordert werden (oben Anm. 130 u. 94). Anm. 141.

5. Wegen des **Schiedsvertrags** hinsichtlich solcher Geschäfte, die unter der Form von handelsrechtlichen Lieferungsgeschäften Differenz- oder Spielgeschäfte verbergen, gilt dasselbe wie bei den erlaubten, aber ungültigen Börsentermingeschäften (oben Anm. 75f.). Anm. 142.

Erl. zu § 376.

IV. **Die Differenzgeschäfte** (Spielgeschäfte).

Anm. 143. 1. **Die Begriffsbestimmung und die Entstehungsgeschichte.** Hierüber ist für das Differenzgeschäft, das nach § 764 BGB. dem Spielgeschäft des § 762 BGB. gleichsteht (RG. 56, 21), das Erforderliche im bish. Erl. zu § 376 Anm. 50 u. 51 bereits gesagt. An dieser Begriffsbestimmung hat auch die Börsengesetznovelle nichts geändert, obgleich in der Literatur und auch in den verschiedenen Reichstagskommissionen die Ansicht lebhafte Verteidigung gefunden hat, daß Geschäfte, bei denen um die Differenz gespielt werde, an der Börse überhaupt nicht gemacht würden.

Anm. 144. 2. **Auf welche Geschäfte bezieht sich § 764 BGB.** Die unter der Herrschaft des alten Börsengesetzes geltende Auffassung ist im bish. Erl. zu § 376 Anm. 52 vorgetragen. Schon nach jener Auffassung wie auch nach der des BGB. fallen diejenigen börsenmäßigen Zeitgeschäfte nicht unter § 764 BGB., die effektiv durch Gegengeschäfte abgewickelt werden. Vor allem gehören zu diesen von § 764 BGB. nicht berührten Geschäften die Börsentermingeschäfte, bei denen eine ganze Kette von Verkäufern und Käufern über dieselbe Lieferungseinheit oder ein Mehrfaches auf denselben Lieferungstermin jedoch zu verschiedenen Preisen so abschließen, daß nur der erste Verkäufer an den letzten Käufer liefert, während alle zwischenliegenden Käufer und Verkäufer die Kauf- und Verkaufspreise im Wege der Skontration verrechnen; diese Verrechnung ist eine auf Zahlung der Differenz hinauslaufende Erfüllungsart (hierüber oben Anm. 5 u. 27 und Düringer-Hachenburg III 190). Diese Art von Gegengeschäften vollzieht sich also nicht unter den ursprünglichen Kontrahenten des ersten Geschäfts. Aber es kann auch unter denselben Kontrahenten ein Gegengeschäft abgeschlossen werden: will oder kann der Käufer auf den Termin nicht abnehmen und wird aus irgend welchen Gründen der Weg der Prolongation nicht gewählt, so kann der Käufer dieselbe Menge derselben Gattung an seinen Gegner (den Verkäufer) auf denselben Termin verkaufen; die Differenz dieser beiden Preise ist alsdann nur noch Gegenstand der Erfüllung. Ebenso kann der Verkäufer dieselbe Menge derselben Gattung vom Käufer auf denselben Termin zurückkaufen. Auch diese Geschäfte fallen nicht unter den Begriff der eigentlichen Differenz-Spielgeschäfte, obgleich bei ihnen im Endergebnis nur die Differenz in Betracht kommt (vgl. RG. 66, 96). Diese Geschäfte, ebenso wie die durch Skontration abzuwickelnden Termingeschäfte, können aber den Charakter von Differenz-Spielgeschäften von Anfang besitzen oder — ihn später annehmen. Und zwar ist dies dann der Fall, wenn die Effektiverfüllung ausgeschlossen wurde und die Parteien lediglich die Zahlung der Differenz, die sich am Stichtage ergibt, als Gegenstand der Vertragserfüllung vereinbart haben (vgl. Düringer-Hachenburg III 191), z. B. wenn das Recht, ein Gegengeschäft zu Ultimopreisen zu machen, vorbehalten wurde. Nun findet aber der Differenz- und Spieleinwand nicht statt gegen erlaubte Börsentermingeschäfte zwischen börsentermingeschäftsfähigen Personen, wenn die Geschäfte zugleich offizielle sind, d. h. wenn sie in den vom Börsenvorstand zugelassenen Waren oder Wertpapieren und zu den vom Börsenvorstande festgesetzten Geschäftsbedingungen abgeschlossen werden (hierüber s. das Nähere oben Anm. 3, 6—14, 27 ff.).

Anm. 145. Auf alle übrigen Geschäfte bezieht sich § 764 BGB. ohne Ausnahme, und zwar bald beschränkt durch die Bestimmungen des Börsengesetzes, bald unbeschränkt:

a) Selbst das *offizielle erlaubte* Börsentermingeschäft ist dem Differenz- und Spieleinwand ausgesetzt, wenn nicht beide Vertragschließende die Börsentermingeschäftsfähigkeit besitzen; denn alsdann ist das Geschäft als Börsentermingeschäft nicht aufrecht zu erhalten (oben Anm. 27a u. 32). Wird dem Bankier aber von seinem nichtbörsentermingeschäftsfähigen Gegner Sicherheit nach § 54 BörsGes. geleistet, so darf sich der Bankier doch gemäß börsenterminrechtlichen Grundsätzen aus der Sicherheit befriedigen; in Höhe des Erlöses aus der Sicherheitsleistung wird aber auch kraft besonderer Vorschrift der Differenz- und Spieleinwand abgeschnitten (§ 58 Satz 2 BörsGes.; oben Anm. 78 f.). Das erlaubte Börsentermingeschäft wird ungültig als Termingeschäft, sobald nur eine Partei die Geschäftsfähigkeit besitzt; aber

durch Erfüllungsannahme wird der Mangel geheilt (§ 57 BörsGes.; oben Anm. 45). Das **Exk. zu**
Geschäft wird durch Erfüllungsannahme als Termingeschäft nachträglich gültig und zwar mit **§ 376.**
der Wirkung des Ausschlusses des Differenz- und Spieleinwandes (§ 58 Satz 1 BörsGes.; Anm. 145.
oben Anm. 80). Hat eine solche Heilung nicht stattgefunden, so kann die Forderung aus dem ungültigen Börsentermingeschäft terminrechtlich gegen den Spielschuldner doch noch zur Aufrechnung gegen Ansprüche des Spielschuldners aus anderen gültigen Börsentermingeschäften gegen dessen Willen gebracht werden. Dieser terminrechtliche Grundsatz gilt kraft besonderer Vorschrift auch gegenüber dem Differenz- und Spieleinwand (§§ 58 Satz 2 u. 56 BörsGes.; oben Anm. 80 u. 51 ff.). Das Geleistete kann nicht zurückgefordert werden (oben Anm. 81). Ganz dieselben Grundsätze gelten, wenn überhaupt kein Teil die Börsentermingeschäftsfähigkeit besitzt (das Nähere s. oben Anm. 84).

b) Das **inoffizielle erlaubte Börsentermingeschäft** fällt in allen Beziehungen unter Anm. 146.
§ 764 BGB. Hier macht es keinen Unterschied, ob beide Teile börsentermingeschäftsfähig sind (oben Anm. 28) oder ob nur eine Partei oder keine Partei die Börsentermingeschäftsfähigkeit besitzt (das Nähere s. oben Anm. 82 u. 84), und ob das Geschäft als Börsentermingeschäft allen Erfordernissen eines solchen entspricht. (Über die gegenteilige Meinung s. oben Anm. 28 u. 82.)

c) Das **verbotene Börsentermingeschäft** (hierüber oben Anm. 87 ff.; insbes. Anm. 113) Anm. 147.
ist in keiner Beziehung dem Differenz- oder Spieleinwand entzogen; denn das verbotene Termingeschäft ist überhaupt ungültig, aber in gewissen Grenzen erfüllungsfähig. Es macht hier keinen Unterschied, ob das Geschäft ein offizielles oder ein inoffizielles ist (hierüber oben Anm. 113).

d) Die **handelsrechtlichen Lieferungsgeschäfte** (oben Anm. 115 ff.) unterliegen scheinbar Anm. 148.
nicht dem Differenz- oder Spieleinwand; denn § 68 Abs. 2 BörsGes. setzt ausdrücklich die §§ 762, 764 BGB. außer Anwendung. In Wahrheit will dies jedoch nur besagen, es finde sowohl § 762 als auch § 764 BGB. mit der Änderung Anwendung, daß der Spielcharakter das Geschäft hier nicht alle in §§ 762, 764 BGB. an das Spielgeschäft geknüpfte Rechtsfolgen nach sich ziehen soll. Es ist nämlich abweichend von §§ 762, 764 BGB. angeordnet, daß das Geleistete innerhalb zweier Jahre nach §§ 68 Abs. 1, 66 Abs. 2 BörsGes. gerade so zurückgefordert werden darf, wie wenn das Spielgeschäft ein verbotenes Börsentermingeschäft in Getreide und Mehl wäre (hierüber das Nähere oben Anm. 129 ff. u. 94 ff.). Im übrigen steht das Geschäft dem Differenz- und Spieleinwand völlig offen. Verbindlichkeiten zum Zweck der Erfüllung eines solchen Spielgeschäfts können nicht übernommen werden; Anerkenntnisse, Schuldversprechen, Bürgschaften, Sicherheitsleistungen usw. sind unwirksam (§ 69 BörsGes.; § 762 Abs. 2 BGB.). Das alles gilt wie beim Spielgeschäft auch von Aufträgen und Vereinigungen zum Abschluß solcher Geschäfte (§ 70 BörsGes.). Über dies alles hat bereits eine ausführliche Erörterung oben Anm. 129 u. 131 ff. stattgefunden.

e) **Alle übrigen Kauf- und Anschaffungsgeschäfte in Waren und Wertpapieren,** Anm. 149.
welche unter keine der soeben aufgezählten Kategorien fallen (die also an sich keine Besonderheiten bieten) fallen unter § 764 BGB. Selbst Kassageschäfte machen keine Ausnahme, wenn deren Form zum Spiel mißbraucht wird. Diese Kassageschäfte fallen dann zwar nicht unter § 764 BGB., wohl aber unter § 762 BGB., d. h. sie sind zwar keine Differenzgeschäfte, wohl aber Spielgeschäfte (hierüber unten Anm. 159).

3. **Die einzelnen Bestandteile der Begriffsbestimmung:** Anm. 150.

a) **Auf Lieferung von Waren oder Wertpapieren** muß der Vertrag lauten (über Waren und Wertpapiere s. § 1 Anm. 38—41 u. § 381 Anm. 1—13). Der Vertrag kann auch auf **Getreide und Erzeugnisse der Getreidemüllerei** lauten (hierüber oben Anm. 129 ff. u. 148). Der Vertrag kann auch **Anteile von Bergwerks- und Fabrikunternehmungen** zum Gegenstand haben (oben Anm. 113 ff. u. 147). Über den Kuxenhandel siehe insbesondere oben Anm. 7 f. u. 92 und über den Begriff eines Kuxes den bish. Exk. zu § 376 Anm. 4 sowie § 1 Anm. 40.

Anm. 151. Das Geschäft kann unter Umständen auch ein vollkommen gültiges Börsentermingeschäft sein und doch dem Differenz- und Spieleinwand unterliegen (hierüber oben Anm. 145 f.). Der Einwand, daß ein Börsentermingeschäft vorliege, daß dieses Börsentermingeschäft aber mangels Beobachtung der gesetzlichen Vorschriften ungültig sei, ist grundsätzlich verschieden vom Differenz- und Spieleinwand. Ersterer richtet sich dagegen, daß die besonders geschützte Handelsform des Börsentermingeschäfts nicht gegeben sei; der letztere Einwand greift den Inhalt des Geschäfts an. Beide Einwände können im einzelnen Falle sich decken. Grundsätzlich jedoch besteht eine rechtliche Verschiedenheit. Ferner ist das Differenzspiel zu unterscheiden von der bloßen Spekulation (hierüber unten Anm. 154 u. 157).

Anm. 152. b) Es muß die Absicht vorliegen, daß der Unterschied zwischen dem vereinbarten Preise und dem Börsen- oder Marktpreise der Lieferungszeit von dem verlierenden Teil an den gewinnenden gezahlt werden soll. Es genügt, wenn nur die Absicht des einen Teils auf die Zahlung des Unterschieds gerichtet ist, der andere Teil aber diese Absicht kennt oder kennen muß (§ 764 BGB.). Es genügt also nicht, wenn nur Lieferung und Abnahme nicht beabsichtigt war. Denn es kann sehr wohl vereinbart werden, daß der Bankier die Stücke behalten und auf Stückekonto gutschreiben soll. Bei den meisten Börsengeschäften wird es auch unausgesprochener Beweggrund sein, der Gegner werde mit der Abwickelung durch Zahlung der Differenz einverstanden sein und es nicht zur effektiven Erfüllung kommen lassen. Das Gesetz verlangt daher für das Differenzgeschäft, daß Pflicht und Recht zur Effektiverfüllung vertraglich ausgeschlossen sein muß.

Anm. 153. Sind die beiderseitigen Erklärungen überhaupt nicht ernstlich gemeint, so kommen die Regeln über das Scheingeschäft zur Anwendung (hierüber bish. Erk. zu § 376 Anm. 55).

Anm. 154. Unser § 764 nimmt kein Scheingeschäft an, wenn beide Teile nur die Absicht haben, die Kursdifferenz zu zahlen, aber nicht effektiv zu liefern und abzunehmen. Es ist jedoch wohl zu unterscheiden zwischen dem Differenzspiel und der in jedem Handelsverkehr vorkommenden Spekulation (unten Anm. 157). Dieser Unterschied sowie weiter, daß die Spielabsicht beider Teile auch eine stillschweigende sein kann, ist bereits im bish. Erk. zu § 376 Anm. 56 eingehend erörtert.

Anm. 155. Wenn aber auch nur ein Teil beim Vertragsabschluß die Spielabsicht gehabt hat, liegt ein Spielvertrag vor, wenn der andere Teil diese Absicht kannte, oder sie doch für ihn in erkennbarer Weise hervorgetreten war (JW. 98, 145 [17]; 07, 744 [15]). Es wird dies in § 68 Abs. 1 Satz 2 BörsGes. für das handelsrechtliche Lieferungsgeschäft als Spielgeschäft noch besonders hervorgehoben (hierüber oben Anm. 129). Die Spielabsicht tritt z. B. hervor, wenn die Summen, über welche abgeschlossen wurde, zum Betrag des Depots in auffälligem Mißverhältnisse steht (vgl. RG. bei Holdheim 08, 85), oder der Bankier bei der außerordentlichen Höhe der Engagements Veranlassung hatte, sich über die Verhältnisse seines (wenig bemittelten) Gegenkontrahenten zu erkundigen, er dies aber unterläßt (JW. 99, 259 [13]). Sie tritt nicht hervor, wenn der Vertragsgegner namens eines Dritten handelt, dessen Vermögensverhältnisse für Effektiverfüllung sprechen (JW. 02, 425 [33]). Eine etwaige Äußerung des einen Teils, er mache nur Effektivgeschäfte, ist belanglos, wenn beide Teile diese Äußerung als bloße Redensart betrachteten. Über weiteres siehe unten Anm. 158.

Anm. 156. Aber wenn auch nur ein Teil die Absicht der Differenzzahlung in obigem Sinne beim Vertragsschluß gehabt hat und der andere Teil dies nicht wußte, diese Unkenntnis aber auf Umständen beruht, die er zu vertreten hat (§ 122 Abs. 2 BGB.), so ist der Fall des § 764 BGB. nach dessen Satz 2 und der Fall des § 68 BörsGes. nach dessen Abs. 2 (für das handelsrechtliche Lieferungsgeschäft oben Anm. 129) gegeben. Hiervon werden besonders die Bankagenten betroffen (hierüber unten Anm. 184 u. bish. Erk. zu § 376 Anm. 82).

Anm. 157. An den Voraussetzungen des Differenz- oder Spielgeschäfts fehlt es sonach, wenn nach dem Parteiwillen ein ernstlicher Kaufvertrag mit wirklichem Umsatz geschlossen war, es dem

Schuldner aber freistehen sollte, statt der wirklichen Erfüllung nur die Differenz des Stichtages zu zahlen (vgl. JW. 99, 49[51]). Auch dann fehlt es an der Spielabsicht, wenn der Bankier die Papiere für seinen Kunden effektiv anschafft, um sie später für Rechnung des Kunden weiter zu verkaufen. In den beiden soeben gedachten Fällen handelt es sich nur um Spekulationsgeschäfte (oben Anm. 154). Der Gemeinschuldner macht sich allerdings strafbar, wenn er in solchen Differenzspekulationen übermäßige Summen verloren hat; denn § 240 Ziff. 1 KO. rechnet auch solche Differenzspekulationen zu dem dort erwähnten Differenzhandel (RGSt. 22, 12), aber Differenzgeschäfte nach § 764 BGB. sind sie nicht. Über weiteres siehe im bish. Erl. zu § 376 Anm. 59. **Erl. zu § 376.** Anm. 157.

4\. Für **die Anwendung des § 764 BGB. im einzelnen** kommt es wesentlich auf die Umstände an, und ob danach schlüssige Umstände für den Spielcharakter vorhanden sind. Insbesondere kommt von diesen Umständen der wirtschaftliche Zweck des Abschlusses in Betracht, und ob danach ein wirtschaftlich berechtigtes Bedürfnis zu befriedigen war, oder ob lediglich eine Differenzzahlung zu Spielzwecken beabsichtigt wurde und ob danach ein Teil die Spielabsicht des andern kannte oder kennen mußte (vgl. JW. 98, 292[48] u. [50]; 99, 98[38], 100[40]). Anm. 158.

An die Spitze dieser Umstände darf man, wenn das Erfordernis der Spielabsicht auf Vorhandensein und Erkennbarkeit zu prüfen ist, den Satz stellen, daß die bei allen Spekulationsgeschäften vorhandene börsenmäßige Möglichkeit der Deckung nur für den auf Gewinn durch wirklichen Umsatz Spekulierenden einen Sinn hat, nicht aber für den Spekulanten, der nicht umsetzen will oder kann, weil er weder den Preis zahlen will, noch die Ware liefern kann (RG. 34, 82; JW. 98, 292[48]). Also auf die Möglichkeit, daß die effektive Erfüllung durch Abschluß eines Realisationsgeschäfts jederzeit in Zahlung der Differenz aufgelöst werden kann, kommt es nicht an (JW. 99, 373[29]).

Auch darauf kommt es nicht an, daß das Verkaufsgeschäft limitiert war; ein Limit kann auch beim reinen Differenzgeschäft vorgeschrieben sein (JW. 99, 49[52]). Daß es aber wohl auf das beim Abschluß bereits vorhandene Unvermögen zur Abnahme und Lieferung, auf den Lebensberuf, die Höhe der Umsätze, die Art der seitherigen Abwickelung ähnlicher Geschäfte usw. ankommt, und unter welchen Umständen die Spielabsicht als nicht erwiesen anzunehmen ist, wurde im bish. Erl. zu § 376 Anm. 61 dargelegt. Auf jene Darlegung ist zu verweisen.

Bei K a s s a - oder T a g e s g e s c h ä f t e n, d. h. bei Käufen mit sofortiger Lieferung gegen sofortige Zahlung (vgl. oben Anm. 10) fehlt begrifflich der für die Differenzgeschäfte wesentliche Unterschied zwischen dem Kurs am Tage des Vertragsschlusses und dem vom Zufall abhängigen Börsen- oder Marktpreis einer späteren Lieferzeit, welchen Unterschied der Verlierende an den Gewinnenden beim eigentlichen Differenzgeschäft zu zahlen hat, um den also gespielt wird (RG. 52, 251; 59, 321; 66, 97). Diese Kassageschäfte stehen jedoch den Differenzgeschäften gleich, wenn keine reellen Abschlüsse gewollt waren, sondern die Absicht der Parteien nur auf Zahlung der Differenz ging (JW. 98, 292[48], 293[49]; 99, 77[18] u. 00, 444[20]). Dazu ist zu bemerken, daß dadurch, daß im Kontokorrent zwischen Spielgeschäften ein Kassageschäft gebucht ist, noch keine Vermutung gegen das Kassageschäft als wahres Kassageschäft gegeben ist; es bedarf der genauen Feststellung des wirklichen Willens auch hier (vgl. JW. 07, 278[14]). Das Nähere ist im bish. Erl. zu § 376 Anm. 62 ausgeführt. Anm. 159.

Ein **P r o l o n g a t i o n s g e s c h ä f t**, das ernstlich gemeint ist, wird selbstverständlich dadurch noch nicht zum Differenzgeschäft, daß für die Prolongation Provision berechnet wird; es kann aber, wenn die Spielabsicht vorhanden ist, sehr wohl zum Differenzgeschäft werden. Dies ist z. B. der Fall, wenn der Verkäufer die Stücke dem Käufer leihen, sie bis Ultimo lombardieren und am Ultimo die Differenz zwischen dem Tageskurs am Anschaffungstag und dem Ultimokurs berechnen soll, so daß wirkliche Abnahme ausgeschlossen ist (RG. 66, 91). Weiteres über Prolongationsgeschäfte oben Anm. 47 u. bish. Erl. zu § 376 Anm. 63. Anm. 160.

Daß der Bankier nur **K o m m i s s i o n ä r** war, ist kein Hindernis gegen die Annahme eines Differenzgeschäfts. Für das handelsrechtliche Lieferungsgeschäft, wenn dessen Formen Anm. 161.

Erl. zu § 376. ein Spielgeschäft verdecken, ist dieser Grundsatz ausdrücklich ausgesprochen (§ 70 BörsGes.; oben Anm. 140). Das Kommissionsgeschäft wird zum Spielgeschäft, wenn beide Teile in

Anm. 161. obigem Sinne die Effektiverfüllung ausgeschlossen haben. Auf eine solche Absicht wird regelmäßig die Vereinbarung hinweisen, daß der Kommittent nicht abnehmen und der Einkaufskommissionär die Zeit des Verkaufs bestimmen soll. Das Nähere findet sich im bish. Erl. zu § 376 Anm. 64. Dort ist auch dargelegt, daß der Bankier den Spielauftrag nicht dadurch ausführen kann, daß er den Selbsteintritt erklärt und nun den Kunden mit dem Unterschied von Anschaffungs- und Ultimokurs belastet; den Spielauftrag hat er nicht ausgeführt, und den Selbsteintritt kann er nicht vornehmen; denn als Kommissionär soll er die Interessen seines Kommittenten wahren; mit diesem Grundsatz setzt sich der Kommissionär aber in offensichtlichen Widerspruch, wenn er mit seinem Kommittenten spielt; ein Spiel bedeutet aber hier der Selbsteintritt. Mit anderen Worten: der Kommissionär muß sich auch beim Selbsteintritt den Spieleinwand gefallen lassen (RG. 34, 91). Darüber, ob es sich um einen ernst gemeinten Auftrag zum Abschluß eines Kassageschäfts handelt, ist entscheidend, ob der Kommissionär die Papiere sofort kaufen und den Kaufpreis sofort auslegen soll. Ob er dann den Kaufpreis kreditiert, die Papiere nicht ausfolgt, sondern in Depot nimmt, ist einerlei (vgl. bish. Erl. zu § 376 Anm. 62).

Anm. 162. 5. **Die Rechtsfolge des Vorliegens eines Differenzgeschäfts** besteht darin, daß der Vertrag als Spiel anzusehen ist (§ 764 BGB.). Über das Spiel bestimmt sodann § 762 BGB.:

> Durch Spiel oder durch Wette wird eine Verbindlichkeit nicht begründet. Das auf Grund des Spieles oder der Wette Geleistete kann nicht deshalb zurückgefordert werden, weil eine Verbindlichkeit nicht bestanden hat.
>
> Diese Vorschriften gelten auch für eine Vereinbarung, durch die der verlierende Theil zum Zwecke der Erfüllung einer Spiel- oder einer Wettschuld dem gewinnenden Theile gegenüber eine Verbindlichkeit eingeht, insbesondere für ein Schuldanerkenntniß.

Hier wird also die Unklagbarkeit ausgesprochen; aber das Spiel ist, ähnlich wie eine natürliche Verbindlichkeit, erfüllbar (vgl. RG. 67, 392). Der Begriff des Spiels ist im weitesten Sinne zu nehmen, so daß unter diesen Begriff die reinen Geschicklichkeitsspiele selbst dann fallen, wenn der Einsatz nicht übermäßig ist (RGSt. 40, 41). Namentlich aber gehören zu den Spielgeschäften die Glücksspiele und die (reinen) Differenzgeschäfte. Dem Spiel gleichgestellt ist die Wette. Während beim Spiel die Parteien von dem Eintritt eines künftigen ungewissen Ereignisses die Entscheidung über Gewinn oder Verlust abhängig machen (JW. 06, 14[12]), verpflichten sich die Parteien bei der Wette, daß demjenigen, dessen Behauptung sich als richtig erweise, von dem Gegner eine bestimmte Leistung gemacht, z. B. eine Ware zu bestimmtem Preis abgelassen werden soll (RG. 61, 153). Die Wetten bei Pferderennen sind durch das sog. Totalisatorgesetz (Ges. betr. die Wetten bei Pferderennen vom 5. Juli 1905, RGBl. 595) geregelt (vgl. JW. 06, 499[58]). Soweit Rennwetten durch dieses Gesetz nicht gedeckt sind, fallen sie unter den § 762 BGB., und sind wie alle Wetten und Spielverträge samt den Aufträgen zu Wetten (RG. 51, 156; 40, 256) und den Dienstverträgen zur Vermittelung von Wetteinsätzen (RG. 34, 266 u. in SeuffA. 61 Nr. 363; s. unten Anm. 181) unklagbar, und zwar insbesondere dann, wenn zur Beförderung der Spiellust besondere Wettkommissionsbureaus gebildet sind; daß letztere die polizeiliche Genehmigung erhalten haben, ändert nichts (JW. 06, 228[12]). Über Darlehen zu Wett- und Spielzwecken s. unten Anm. 182. Dies alles gilt aber nicht für die Verträge, welche ein Rennverein mit seinen Mitgliedern über die Zahlung von Einsätzen und Reugeldern abschließt, weil hier ein wirtschaftlich berechtigter Zweck (die Pferdezucht) verfolgt wird (ABürgR. 26, 50; DJZ. 06, 436). Spiel- und Wettverträge sind nicht unsittlich (RG. bei Holdheim 13, 49); sie begründen nur keine Schuldverbindlichkeit. Das auf Grund des Spiels oder der Wette Geleistete kann nicht zurückgefordert werden; aber Verbindlichkeiten, die zum Zweck der Erfüllung einer Spiel- oder Wettschuld eingegangen werden, insbesondere Schuldanerkenntnisse, sind ungültig.

Anm. 163. a) Klage und Einrede aus solchen Geschäften wird versagt. Es kann weder die Auszahlung des Gewinnes verlangt, noch die Bezahlung des Verlusts, noch auch Lieferung oder Abnahme der Ware, noch auch Ersatz der Auslagen (Wetteinsätze, Stempel und Provision) verlangt werden (hierüber Näheres unten Anm. 181). Nur das Geleistete kann nicht zurückgefordert werden (Anm. 164ff.), und ist vertragsmäßige Aufrechnung zulässig (Anm. 166). **Exk. zu § 376.**

α) Das auf Grund des Geschäfts zu dessen Erfüllung Geleistete kann nicht zurückgefordert werden (§ 762 Abs. 1 Satz 2 BGB.). Es ist des Eingehenden oben Anm. 46, und zwar auch mit Rücksicht auf Prolongationsgeschäfte (oben Anm. 47) dargelegt, daß eine Leistung nur dann als Erfüllungsleistung erscheint, wenn eine völlige Tilgung erfolgt, so daß keine persönliche Verbindlichkeit übrigbleibt. Es findet das dort Gesagte auch hier entsprechende Anwendung, wozu dann noch das im bish. Exk. zu § 376 Anm. 66 Ausgeführte beizufügen ist. Durch die Novelle nimmt der Satz, daß das auf das Spiel Geleistete nicht zurückgefordert werden kann, mitunter verschiedene Gestalt an: ist nämlich das Geschäft ein offizielles erlaubtes Börsentermingeschäft zwischen zwei börsentermingeschäftsfähigen Personen, so bedarf es dieses Satzes gar nicht; es gibt dann überhaupt keinen Differenzeinwand (oben Anm. 6); ist das Geschäft aber ein offizielles erlaubtes Börsentermingeschäft, bei dem nur ein Teil oder kein Teil die Börsentermingeschäftsfähigkeit besitzt, so kann das Geleistete wegen des § 762 Abs. 1 Satz 2 BGB. nicht zurückgefordert werden (oben Anm. 81 u. 84); ist das Geschäft ein inoffizielles erlaubtes Börsentermingeschäft, so ist es gleichgültig, ob nur ein Teil oder kein Teil oder jeder Teil börsentermingeschäftsfähig war; das Geleistete kann nicht zurückgefordert werden nach § 762 Abs. 1 Satz 2 BGB. (oben Anm. 27a – 29, 82 u. 84). Dasselbe gilt für das offizielle und inoffizielle verbotene Börsentermingeschäft (oben Anm. 113). Dagegen kann beim handelsrechtlichen Lieferungsgeschäft als Spielgeschäft das Geleistete innerhalb zweier Jahre zurückgefordert werden (oben Anm 130). Anm. 164.

β) Pfandbestellungen und Sicherheitsleistungen sind keine Erfüllungsleistungen; sie sind unwirksam (RG. 23, 138; 37, 416; 38, 251; 47, 52). Hierüber, insbesondere über die Leistung von Einschüssen und Nachschüssen und über die Vorprämie ist das Erforderliche bereits oben Anm. 48 u. 63 sowie im bish Exk. zu § 376 Anm. 66 u. 67, 70 u. 71 gesagt. Es ist hier nur daran zu erinnern, daß beim offiziellen erlaubten Börsentermingeschäft in Wertpapieren dem volltermingeschäftsfähigen Spielgläubiger eine nach § 54 BörsGes. bestellte Sicherheit des Privatkunden haftet (oben Anm. 79). Fehlt es an den Formen des § 54 BörsGes., so kann die Sicherheit zurückgefordert werden; denn § 58 BörsGes. läßt nicht die Befriedigung aus jeder Sicherheit zu. Anm. 165.

γ) Die Aufrechnung, die in beiderseitiger Willensübereinstimmung vorgenommen wurde, ist eine Art der Erfüllungsleistung im Sinne des § 762 Abs. 1 Satz 2 BGB. Voraussetzungen und Wirkung dieser Aufrechnung sind bereits eingehend oben Anm. 55ff. dargestellt. Es ist hier nur daran zu erinnern, daß beim offiziellen erlaubten Börsentermingeschäft, wenn nur ein Kontrahent oder keiner von beiden Kontrahenten die Börsentermingeschäftsfähigkeit besitzt, auch eine einseitige Aufrechnungsbefugnis dem Spielgläubiger zugesprochen ist (hierüber oben Anm. 80). Sodann ist zu beachten, daß die vertragsmäßige Aufrechnung beim handelsrechtlichen Lieferungsgeschäft, wenn es zum Spielgeschäft wird, noch zwei Jahre lang rückgängig gemacht werden kann (oben Anm. 128 u. 132). Anm. 166.

δ) Das Anerkenntnis eines Kontokorrentsaldos ist eine Art der vertragsmäßigen Aufrechnung. Das Anerkenntnis des Saldos ist nach § 762 Abs. 2 BGB. unwirksam. Das Saldoanerkenntnis enthält aber zugleich die nachträgliche Genehmigung der bei Eingehung des Kontokorrents getroffenen Aufrechnungsvereinbarung und des Ergebnisses dieser Aufrechnung (JW. 03, 1234 u. Beil. 35 [72]). Diese Auffassung und die daraus sich ergebenden Folgen, insbesondere hinsichtlich der Auflösung des Saldos, wenn klaglose Termingeschäfte und Geschäfte anderer Art im Kontokorrent vorkommen, sind eingehend oben Anm. 56ff., unter Hinweis auf Anm. 16—18 des bish. Exk. zu § 376 u. Anm. 2ff., 30f. zu § 355 besprochen. Dieselben Grundsätze kommen auch hier zur Anwendung; denn die Differenzgeschäfte sind den klaglosen Börsentermingeschäften gleich zu behandeln. Dabei ist Anm. 167.

Erl. zu § 376. Anm. 167. jedoch die Ausnahmsstellung zu beachten, welche den handelsrechtlichen Lieferungsgeschäften, als Spielgeschäften, in § 68 BörsGes. zugestanden ist; die Aufrechnung kann nämlich zwei Jahre lang widerrufen werden (hierüber oben Anm. 128, 132 f.).

Wer gegen den Saldo den Differenzeinwand vorschützt, würde der Einrede der Arglist begegnen, wenn er aus einem einzelnen Geschäft den dort erzielten Gewinn mit der Begründung verlangen wollte, daß der Gegner ja den Differenzeinwand bekämpfe, also jenes Geschäft als Effektivgeschäft gemacht haben wolle (RG. 33, 58).

Anm. 168. ε) **Ein Rückforderungsrecht aus sonstigen Gründen ist auch hinsichtlich dessen zulässig, was auf Grund des Geschäfts geleistet worden ist**, z. B. wegen Irrtums, Betrugs, Geschäftsunfähigkeit usw. Es gilt hierwegen das oben Anm. 30 u. 31 sowie im bish. Erl. zu § 376 Anm. 26 Ausgeführte. Dadurch aber, daß der Spielschuldner nicht gewußt hat, daß es sich um eine klaglose Spielschuld handelt, wird die Zurückforderung nicht ermöglicht.

Anm. 169. b) **Verbindlichkeiten zum Zweck der Erfüllung einer Spielschuld oder Wette sind ungültig** (§ 762 Abs. 2 BGB.). Für das handelsrechtliche Lieferungsgeschäft als Spielgeschäft wird dieser Satz noch besonders wiederholt (§ 69 BörsGes.; oben Anm. 135).

Anm. 170. α) Für **Schuldanerkenntnisse** hat dieser Satz solche Bedeutung, daß der Gesetzgeber dies in § 762 Abs. 2 BGB. ebenso wie für die handelsrechtlichen Lieferungsgeschäfte in § 69 BörsGes. noch ausdrücklich hervorhebt. Es ist hierüber das Erforderliche bereits oben Anm. 62 gesagt. Das dort Gesagte ist entsprechend anwendbar. Wegen des Lieferungsgeschäfts vgl. oben Anm. 136. Darüber, wie es sich mit dem Anerkenntnis eines Kontokorrentsaldos verhält, siehe oben Anm. 167.

Anm. 171. β) **Pfandverträge und Sicherheitsleistungen** sind gleichfalls unwirksam vom Gesichtspunkt der Übernahme einer Verbindlichkeit. Oben Anm. 165 ist schon dargetan, daß sie auch nicht als Erfüllungsleistungen anzusehen sind. Das dort Gesagte ist hier zu wiederholen.

Anm. 172. γ) Bei **Wechseln** muß unterschieden werden. Im allgemeinen gehört auch die Eingehung von Wechselverbindlichkeiten zu den unwirksamen Verpflichtungen in dem oben Anm. 169 dargelegten Sinne. Unter Umständen kann jedoch eine wirksame Erfüllungsleistung gegeben sein. Die rechtlichen Möglichkeiten, die sich hieraus ergeben, sind ausführlich im bish. Erl. zu § 376 Anm. 72 u. 73 dargestellt. Diese Fragen sind oben bei Erörterung der offiziellen und inoffiziellen erlaubten Börsentermingeschäfte, der verbotenen Börsentermingeschäfte und der handelsrechtlichen Lieferungsgeschäfte gleichfalls besonders für den Fall betrachtet, daß diese Geschäfte Spielcharakter annehmen; es wird darauf verwiesen. Dasselbe was von Wechseln gilt, gilt auch von Verpflichtungsscheinen und Schecks.

Anm. 173. δ) **Bürgschaften** sind unwirksam (vgl. RG. 37, 216; 38, 238). Zahlt der Bürge, so liegt rechtswirksame Erfüllung vor; aber er verliert seinen Rückgriff gegen den Hauptschuldner, wenn er die Zahlung verweigern konnte (RG. 52, 364; § 349 Anm. 38).

Anm. 174. ε) **Schuldübernahme** vermag dem Differenz- oder Spielgeschäft keine Rechtswirksamkeit zu verschaffen. Über die dagegen erhobenen Bedenken vgl. bish. Erl. zu § 376 Anm. 14.

Anm. 175. ζ) Die **Schuldumwandlung** äußert gleichfalls keine Rechtswirkung. Das Differenzgeschäft kann also nicht wirksam in eine Darlehensschuld umgewandelt werden (hierüber bish. Erl. zu § 376 Anm. 20).

Anm. 176. c) Über **Vergleiche** gilt das in Anm. 74 sowie im bish. Erl. zu § 376 Anm. 27 Gesagte.

Anm. 177. d) Über den **Schiedsvertrag** gilt das oben Anm. 75 u. 76 sowie im bish. Erl. zu § 376 Anm. 28 Ausgeführte.

Anm. 178. e) **Gleichgültig ist auch hier, ob das Geschäft im Ausland geschlossen oder im Ausland zu erfüllen ist** (Bolze 22 Nr. 11); sollte auch das Geschäft nach ausländischem Recht klagbar sein (RG. 37, 266; BayrObLG. in SeuffA. 60, 267). Die Abtretung der Forderung an einen Inländer ändert nichts hieran. Hierdurch sind insbesondere die an ausländischen Börsen geschlossenen Termingeschäfte betroffen. Denn diese Geschäfte sind zwar erlaubte Börsentermingeschäfte (oben Anm. 72), selbst wenn sie (ausländische) Montanwerte zum Gegenstand haben (oben Anm. 109). Aber diese Auslandsgeschäfte sind zugleich inoffizieller Natur (oben Anm. 72, 3, 8, 26ff.) und daher dem Differenz- und Spieleinwand völlig preisgegeben (oben Anm. 82 u. unten 206). Diese Auslandsgeschäfte sind regelmäßig als Spielgeschäfte anzusprechen, so daß keinerlei Sicherheitsleistung oder die Übernahme von Verbindlichkeiten zum Zweck der Erfüllung rechtlichen Bestand hat. Nur das Geleistete kann nicht zurückgefordert werden. Hieraus ergibt sich die Folgerung, daß solche Auslandsgeschäfte nur als Kassageschäfte Rechtswirksamkeit erlangen, als Kassageschäfte aber nicht gemacht werden können, weil die betreffenden Papiere an den Auslandsbörsen (Paris und London) nur im Ultimohandel zu bekommen sind. Der inländische Bankier könnte ja schließlich zu so hohen Kursen mit seinem Inlandskunden abschließen, daß er unter allen Umständen gedeckt wird, mag die Ultimoliquidation ausfallen, wie sie will. Der Bankier gerät dann aber in Verlegenheit, weil er die Papiere vor Ultimo nicht liefern kann; ein Verzicht auf das Nummernverzeichnis hilft dem Bankier nicht (§ 383 Anm. 28ff., § 384 Anm. 46). Gegen Ansprüche auf Rückgabe von Sicherheiten (Einschüsse, Nachschüsse) kann er auch nicht aufrechnen.

Erk. zu § 376. Anm. 178.

f) Ein im Ausland ergangenes Urteil über eine Differenz- oder Spielschuld kann im Inland nicht vollstreckt werden. Für das ungültige Börsentermingeschäft ist dieser Grundsatz unmittelbar aus § 61 BörsGes. zu entnehmen (oben Anm. 73). Für das Differenzgeschäft ergibt sich derselbe Grundsatz aus Art. 30 EG. z. BGB., wonach das inländische Recht anzuwenden ist, wenn die Anwendung des ausländischen Rechts gegen den Zweck eines inländischen Gesetzes verstößt (hierüber bish. Erk. zu § 372 Anm. 11). Die Vorschriften der §§ 762, 764 BGB. dulden nach ihrem wirtschaftlichen und sittlichen Zweck keine Umgehung, die dadurch ermöglicht werden könnte, wenn das Spiel oder dessen Erfüllung rechtswirksam ins Ausland verlegt zu werden vermöchte, um dort ein Urteil zu erwirken. Einem ausländischen Urteil ist daher die Anerkennung nach § 328 Ziff. 4 ZPO. zu versagen, auch wenn sonst die Gegenseitigkeit verbürgt sein sollte. Anm. 179.

g) Gesellschaftsverträge zum Zweck des Abschlusses von Differenzgeschäften begründen keine Verpflichtung zur Zahlung von Einschüssen oder zur Fortsetzung des Spiels. Denn der Gesellschaftsvertrag begründet, gleich wie das Differenzgeschäft selbst, keine klagbare Verbindlichkeit (JW. 99, 108[67]; vgl. bish. Erk. zu § 376 Anm. 78 u. RG. 40, 259). Ist aber auf Grund des Gesellschaftsvertrags in der Tat gespielt worden, so kann Herausgabe des anteilsmäßigen Gewinnes verlangt werden; anderseits kann der Klage des Gesellschafters auf Tragung des Anteils am Spielverlust nicht der Einwand entgegengehalten werden, daß der Spielverlust aus Differenzgeschäften entstanden sei (RG. 43, 152; 14, 222; ähnlich beim gemeinsamen Spiel in verbotenen Lotterien: RG. 58, 280). Weil die Gesellschaftsverträge gleich wie das Differenzgeschäft zu behandeln sind, so gilt hier alles, was von den Differenzgeschäften selbst gilt. Es ist deshalb hier daran zu erinnern, daß bei handelsrechtlichen Lieferungsgeschäften, wenn sie Spielgeschäfte sind, das Geleistete innerhalb zweier Jahre zurückgefordert werden kann (§§ 68, 70 BörsGes., oben Anm. 140). Anm. 180.

h) Aufträge und Dienstverträge zur Vermittelung von Differenzgeschäften oder zu Wetten sind unwirksam (vgl. oben Anm. 162). Es ist bereits oben Anm. 161 und im bish. Erk. zu § 376 Anm. 79 ausgeführt, daß beim Abschluß von Differenzgeschäften der Beauftragte, also der Kommissionär, keinen Anspruch auf Ersatz der Auslagen oder auf Provision, auch keinen Anspruch auf Schadensersatz wegen Nichterfüllung hat, selbst die ihm gezahlten Einschüsse zurückerstatten und einen erzielten Gewinn abzüglich seiner Auslagen herausgeben muß. Der Selbsteintritt des Kommissionärs ändert hieran nichts (oben Anm. 161). Hat der Beauftragte in der irrtümlichen Unterstellung, daß sein Auftraggeber einen von ihm (dem Beauftragten) einzuziehenden Gewinn gemacht habe, eine Zahlung an seinen Auftraggeber geleistet, so ist der Auftraggeber grundlos bereichert (§ 812 BGB.; OLG. Hamburg, OLGR. 14, 31). Vergleiche im übrigen oben Anm. 69. Das dort Ausgeführte findet auch hier entsprechende Anwendung, und es ist hier auf das im bish. Erk. zu § 376 Anm. 79 Erörterte zu verweisen. Anm. 181.

Exk. zu § 376. i) **Ein Darlehen zum Zweck des Abschlusses oder zur Bezahlung von Differenzgeschäften ist nicht ohne weiteres ungültig** (RG. 67, 355; OLG. Hamburg, OLGR. 12, 93;
Anm. 182. OLG. Posen, OLGR. 6, 448); denn Spiel und Wette sind nicht unsittlich, sondern erfüllbar. Das gilt auch dann, wenn ein Börsentermingeschäft oder ein handelsrechtliches Lieferungsgeschäft als Spielgeschäft anzusehen ist, wie dies oben bereits dargelegt wurde. Auch von einem verbotenen Börsentermingeschäft als Spielgeschäft gilt nichts anderes; denn auch dieses Geschäft ist nun erfüllbar als Termin- und als Spielgeschäft. Es kann zwar nicht im voraus verabredet werden, daß der Gläubiger das im voraus empfangene Geld als Zahlung auf einen Spielverlust, dessen Existenz noch gar nicht feststeht, ansehen dürfe (RG. 38, 238; vgl. JW. 03 Beil. 35 [72]), noch auch kann im voraus vereinbart werden, daß der Spielgläubiger eine solche Zahlung als ein Darlehen ansehen solle, um nachher den Spielgewinn gegen den Anspruch auf Rückerstattung des Darlehens aufzurechnen. Das wäre ein verdecktes Spielgeschäft. Dasselbe trifft zu, wenn der Gläubiger ein Darlehen zur Ausgleichung des Differenzkontos gibt, damit der Schuldner mit ihm spielen könne; denn der Schuldner zahlt hier nicht im Sinne des § 762 BGB. (JW. 02, 369 [34]). Auch kann nicht nach eingetretenem Spielverlust vereinbart werden, daß eine Spielschuld nun in eine Darlehensschuld umgewandelt werde (bish. Exk. zu § 376 Anm. 20). Ein Darlehen zum Zweck der Bezahlung bereits entstandener Spielschulden ist anderseits nicht zu beanstanden, wenn nicht der Spielgläubiger der Darlehensgeber war. Selbst die Kenntnis des Darlehensgebers davon, daß der Darlehensnehmer das Geld zu erst abzuschließenden Spielgeschäften verwenden wolle, beeinträchtigt die Gültigkeit des Darlehensvertrages nicht (OLG. Hamburg HansGZ. 05 Beibl. 288; OLG. Frankfurt im Recht 03, 152; KG. in OLGR. 12, 93). Im übrigen kann aber ein mit der Absicht zur Förderung des Spiels gegebenes Darlehen unsittlich sein (Prot. 2, 794). Dies trifft zu, wenn zu der Absicht der Spielförderung noch weitere erschwerende Umstände hinzutreten, wie die Anreizung Unerfahrener durch gewerbsmäßige Spieler und deren Helfer (OLG. Posen OLGR. 6, 448; JW. 06, 228 [12]: Wettkommissionsbureaus; oben Anm. 162), eigennützige Absicht, die außerordentliche Höhe der Einsätze, die Vermögensverhältnisse des Spielenden. Solche Darlehen sind also nur dann nichtig, wenn sie gegen die guten Sitten verstoßen. In dieser Hinsicht bedarf es der Prüfung aller Umstände nach der objektiven und nach der subjektiven Seite (JW. 08, 677 [8]; hierüber Exk. zu § 340 Anm. 2). Dieselben Grundsätze gelten für Darlehen, die zum Glücksspiel an Spielbanken gegeben werden; mag es sich um eine öffentliche Spielbank (Monte Carlo) oder um eine in geschlossenem Kreis aufgelegte Bank handeln (RG. 67, 355). Hat sich der Spieler das Darlehen durch betrügliche Täuschung des Darlehensgebers verschafft, so haftet der Darlehensnehmer aus seiner unerlaubten Handlung nach § 823 BGB. ohne Rücksicht darauf, daß das Darlehen ein Spieldarlehen war.

Anm. 183. 6. **Die Ungültigkeit des Differenz- und Spielgeschäfts muß von Amts wegen berücksichtigt werden.** Hierüber bish. Exk. zu § 376 Anm. 82 a. E.

Anm. 184. 7. Über die **Beweislast** für das Vorliegen einer Differenz- oder Spielschuld und über die Stellung der Bankagenten gegenüber dem Differenz- und Spielkunden und gegenüber dem Bankier ist das Erforderliche im bish. Exk. zu § 376 Anm. 82 bereits dargelegt. Hieran hat die Novelle nichts geändert. Den dort hinsichtlich des Bankagenten angegebenen Entscheidungen kann noch JW. 98, 292 [48] u. 293 [49] sowie JW. 99, 99 [39] nachgetragen werden. Aus den Schlußscheinen ist regelmäßig nicht zu ersehen, ob ein Differenz- oder Spielgeschäft abgeschlossen ist; insbesondere deutet der Schlußschein den Hauptfall des Spielgeschäfts, wonach zugleich mit dem Hauptgeschäft ein Gegengeschäft auf Ultimo gemacht wird, niemals an (vgl. oben Anm. 129 u. 152 ff.). Die Spielabsicht ergibt sich vielmehr erst aus mündlichen Nebenabreden und aus den Umständen. Es kann, da es nach § 764 BGB. auf die Absicht der Vertragschließenden ankommt, nicht der Geltendmachung mündlicher Nebenabreden mit dem sonst geltenden Grundsatz (§ 350 Anm. 59 ff.) entgegengetreten werden, daß im Falle schriftlicher Beurkundung eines Vertrags der beurkundete Vertragsinhalt so lange als dem Willen der Parteien entsprechend und als vollständig erachtet werden muß, als sich nicht schlüssige

Anhaltspunkte dafür ergeben, aus welchem Grunde abweichende oder ergänzende Vereinbarungen in die Urkunde nicht aufgenommen worden sind. **Erl. zu § 376.**

8. **Differenz- und Spielgeschäfte sind stempelpflichtig.** Anm. 185.

V. Schlußbemerkungen.

A. Die Erhebung des Einwands, daß ein ungültiges oder verbotenes Börsentermingeschäft oder ein Differenz- oder Spielgeschäft vorliege, hat auch eine moralische Seite. Es kann zwar einem solchen Einwand nicht entgegengehalten werden, daß es dem Anstand nicht entspreche, seine Spielschulden nicht zu bezahlen oder Anerkenntnisse usw. zu bestreiten; denn wer einen solchen Einwand erhebt, macht von einem gesetzlichen Rechte Gebrauch (vgl. JW. 04, 38[5]). Daher kann vom Standpunkt des Gesetzgebers auch nicht entgegnet werden, es habe der Spielschuldner von vornherein mit der Absicht abgeschlossen, falls er verliere, die Ungültigkeit des Geschäfts geltend zu machen, ein solches Verfahren kennzeichne sich als ein arglistiges. Wohl aber schädigt es das kaufmännische Vertrauen eines Börsenbesuchers, wenn er aus einem Geschäft, das er im Zusammenhang mit seiner Tätigkeit an der Börse abgeschlossen hat, den Einwand erhebt, daß er nicht börsentermingeschäftsfähig sei, oder daß das Geschäft ein Differenzgeschäft gewesen sei; es wird ihn das Ehrengericht wohl zur Verantwortung ziehen können (§§ 9, 10 BörsGes.). Der Leiter eines großen kaufmännischen Unternehmens, der aus Börsenspielgeschäften den Differenzeinwand erhebt, schädigt nicht allein seine kaufmännische Ehre, indem er sich seinen Versprechungen entzieht, sondern auch den Ruf des Unternehmens, das an seiner Spitze keinen Mann dulden kann, der sich im Spiel so weit vergißt, daß er den Spieleinwand erheben muß; er gibt einen wichtigen Grund zur Entlassung (RG. 53, 267). Anders gestaltet sich die Sachlage, wenn ein Privatmann diesen Einwand erhebt; er hat keine kaufmännische Ehre zu wahren; daher hat ihm gegenüber eine mildere Beurteilung einzutreten. Man war unter der Herrschaft des alten Börsengesetzes geneigt, diesen Grundsätzen die Anwendung zu versagen, wenn der Einwand erhoben wurde, daß das Geschäft ein verbotenes Börsentermingeschäft war (JW. 04, 384, Düringer-Hachenburg 3, 265 Bem. c). Diese Auffassung hatte ihren Grund in der (allmählich sehr abgeschwächten) Ansicht, daß die verbotenen Börsentermingeschäfte wegen ihrer Nichtigkeit unerfüllbar seien. Nach der Novelle sind aber auch die verbotenen Termingeschäfte erfüllbar. Man wird jetzt ganz allgemein sagen dürfen, daß der Kaufmann oder der Leiter eines größeren kaufmännischen Unternehmens, der den Differenzeinwand oder den Einwand, daß ein verbotenes Börsentermingeschäft vorliege, erheben zu müssen glaubt, an kaufmännischem Vertrauen Einbuße erleidet und dadurch Grund zur Entlassung bietet. Anm. 186.

B. Die Übergangsbestimmungen sind in Art. V der Novelle (RGBl. 08, 193) dahin gegeben: Anm. 187.

> Die Vorschriften dieses Gesetzes über den Ausschluß des Rückforderungsrechts und über die Zulässigkeit der Aufrechnung finden auch auf Geschäfte Anwendung, die vor dem Inkrafttreten dieses Gesetzes geschlossen sind. Das Gleiche gilt von den Vorschriften über die Wirkungen einer Sicherheitsleistung, wenn die Sicherheit nach dem Inkrafttreten des Gesetzes bestellt ist, sowie von den Vorschriften über die Folgen der Bewirkung der vereinbarten Leistung, wenn die im § 55 bezeichnete Erklärung nach dem Inkrafttreten abgegeben ist.
>
> Ist ein Anspruch aus einem vor dem Inkrafttreten dieses Gesetzes geschlossenen Geschäfte zur Zeit des Inkrafttretens rechtshängig, so bleibt für ihn das bisherige Recht maßgebend.

Das Gesetz (betreffend Änderung des Börsengesetzes) vom 8. Mai 1908 ist in der am 18. Mai 1908 in Berlin ausgegebenen Nummer 24 des RGBl. verkündet. Nach Art. 2 RV. ist diese Novelle daher am 1. Juni 1908 in Kraft getreten.

Die Übergangsbestimmungen unterscheiden:

1. **Keine rückwirkende Kraft hat die Novelle für die vor dem 1. Juni 1908 bereits rechtshängigen Ansprüche.** Solche Ansprüche unterstehen der Herrschaft des alten Rechts in allen Beziehungen; denn sie sind unter der Herrschaft des alten Rechts entstanden, und es kann nicht verlangt werden, daß ein bereits anhängiger Anspruch sich nach damals gar nicht vorhandenen Vorschriften richten soll. Soweit nach altem Recht das alte Börsengesetz zur Anwendung zu Anm. 188.

Exk. zu § 376.

Anm. 188. kommen hat, bleibt es bei diesem. Soweit ein Differenz- oder Spielgeschäft vorliegt, hat es bei den §§ 762, 764 BGB. sein Bewenden, wozu zu bemerken ist, daß den §§ 762, 764 BGB. keine rückwirkende Kraft zukommt. Denn Spiel und Wette haben keinen unsittlichen Charakter (JW. 03 Beil. 31[61]). Die Ansprüche müssen aber vor dem 1. Juni 1908 bereits rechtshängig sein, wenn sie von der Novelle unberührt bleiben sollen. Die Rechtshängigkeit einer Klage, auch einer Feststellungsklage, positiver oder negativer Art (§§ 263, 256 ZPO.) tritt, abgesehen vom Parteiprozeß der §§ 500, 510 ZPO., mit der Zustellung ein. Beim Zahlungsbefehl entscheidet gleichfalls die Zustellung (§ 693 ZPO.). Ein im Laufe eines Rechtsstreits erhobener Anspruch (Klageerweiterung, Klageänderung, Widerklage nach § 33 ZPO., Präjudizialinzidentklage nach § 280 ZPO.) wird erst durch den Vortrag in der mündlichen Verhandlung, nicht schon mit Zustellung des die Ankündigung enthaltenden Schriftsatzes rechtsanhängig (§ 281 ZPO.). Gegenforderungen werden nicht mit der Aufrechnungseinrede, sondern nur dadurch rechtshängig, daß sie widerklagend oder in Form der Klageerweiterung geltend gemacht sind (RG. 18, 408). Streitverkündung (RG. 10, 292), Arreste und einstweilige Verfügungen (RG. 26, 407), Anmeldung im Konkurs, Anhängigkeit bei einem Schiedsgericht begründen keine Rechtshängigkeit (Remelé-Anger § 263 Bem. 1).

Anm. 189. 2. **Teilweise rückwirkende Kraft hat die Novelle dagegen für die nach dem 31. Mai 1908 rechtshängig gewordenen Ansprüche.** Wenn also ein Geschäft vor dem 1. Juni 1908 abgeschlossen ist, so soll dieses Geschäft nicht nach den damals geltenden Gesetzen, sondern nach den Vorschriften der Novelle beurteilt werden, wenn der Anspruch aus diesem Geschäft erst nach dem 31. Mai 1908 rechtshängig in dem oben Anm. 188 erörterten Sinne geworden ist. Diese Rückwirkung ist jedoch eine beschränkte. Von der Novelle sollen auf alte Geschäfte vollständig nur die Vorschriften über den Ausschluß des Rückforderungsrechts und die Zulässigkeit der Aufrechnung, dagegen beschränkt die Vorschriften über die Wirkungen einer Sicherheitsleistung und einer Erfüllungsannahme Anwendung finden.

Anm. 190. a) **Ausschluß des Rückforderungsrechts:**

α) Die erlaubten Börsentermingeschäfte des alten Börsengesetzes stimmen begrifflich mit den erlaubten Börsentermingeschäften der Novelle überein (oben Anm. 2 u. 7ff.). Unter der Herrschaft des alten Börsengesetzes machte der Registereinwand das Geschäft ungültig; jedoch konnte nur das vor der Abwickelung Geleistete zurückgefordert werden, nicht aber das bei oder nach völliger Abwickelung Geleistete (bish. Exk. zu § 376 Anm. 20f.). Dieser Grundsatz galt auch für Aufträge und Vereinigungen zum Abschluß von Börsentermingeschäften (bish. Exk. zu § 376 Anm. 10) und für die im Ausland abgeschlossenen oder zu erfüllenden Geschäfte (bish. Exk. zu § 376 Anm. 30f.). Die Novelle macht die Gültigkeit des erlaubten Börsentermingeschäfts nicht mehr von der Eintragung in ein Börsenregister abhängig. An Stelle dieser die Börsentermingeschäftsfähigkeit gewährenden Eintragung ist eine nach Berufsklassen geordnete Geschäftsfähigkeit getreten (oben Anm. 4 u. 17ff.). Fehlt es einer oder gar beiden Parteien an dieser Geschäftsfähigkeit, so ist das Geschäft als Börsentermingeschäft ungültig (oben Anm. 32ff. u. 83ff.). Allein das auf Grund des Geschäfts zur Erfüllung Geleistete kann auch dann nicht mehr zurückgefordert werden, wenn die Leistung vor der Abwickelung des ungültigen Termingeschäfts erfolgte (§ 55 BörsGes.; oben Anm. 46ff. u. 83). Derselbe Grundsatz gilt auch für Aufträge und Vereinigungen zum Abschluß von Börsentermingeschäften (§ 60 BörsGes.; oben Anm. 68ff. u. 83) und für den Fall, wenn das Geschäft im Ausland abgeschlossen oder zu erfüllen ist (§ 61 BörsGes.; oben Anm. 72f. u. 83). Alles dies ist nun auch auf die vor dem 1. Juni 1908 abgeschlossenen erlaubten Börsentermingeschäfte für anwendbar erklärt. Der Unterschied, der hierdurch hervorgerufen wird, ist der, daß der Registereinwand, der für die alten Geschäfte immer noch bestehen bleibt, die Rückforderung des vor der Abwickelung in obigem Sinne Geleisteten nicht mehr herbeizuführen vermag.

Anm. 191. Der Spieleinwand bei den erlaubten Börsentermingeschäften war von § 69 alten BörsGes. dahin geregelt, daß der Differenz- und Spieleinwand abgeschnitten wurde, sobald beide Teile im Börsenregister eingetragen waren (bish. Exk. zu § 376 Anm. 33). Die Novelle schneidet den Differenz- und Spieleinwand nur ab, wenn beide Teile Börsentermingeschäftsfähigkeit besaßen und außerdem das Geschäft ein offizielles war (§ 58 Satz 1 BörsGes.; oben Anm. 3, 6, 27 f.). In diesem Falle hat die Übergangsbestimmung also keine Bedeutung; denn es kann von einer Rückforderung des Geleisteten überhaupt keine Rede sein, mag das Spielgeschäft vor oder nach Inkrafttreten der Novelle zwischen irgendwie vereigenschafteten Personen abgeschlossen sein. War das Geschäft zwar ein offizielles, besaß aber nur ein Teil oder kein Teil die Börsentermingeschäftsfähigkeit, so bestimmt zwar nicht das Börsengesetz, wie es mit dem Geleisteten sich verhält, wohl aber bestimmen die §§ 762, 764 BGB., daß das auf Grund des Spielgeschäfts zur Erfüllung Geleistete nicht zurückgefordert werden kann (oben Anm. 81 u. 84). Auch in diesem Falle kommt die Übergangsbestimmung der Börsengesetznovelle nicht in Betracht; denn die Übergangsbestimmung bezieht sich nur auf „Vorschriften der Börsennovelle", wie im Eingang der Übergangsbestimmung gesagt ist. Ist das Geschäft ein inoffizielles, so ist es nach der Novelle einerlei, ob nur ein Teil oder kein Teil die Börsentermingeschäftsfähigkeit besitzt; denn in beiden Fällen bestimmt die Novelle nichts; es findet nur das bürgerliche Recht (§§ 762, 764 BGB.) Anwendung (oben Anm. 82 u. 84). Die Übergangsbestimmung der Novelle trifft also auch diesen Fall nicht. Dazu ist endlich zu bemerken, daß § 762 BGB. keine rückwirkende Kraft besitzt (JW. 03 Beil. 31 [61]). **Exk. zu § 376.** Anm. 191.

β) Unter verbotenen Börsentermingeschäften verstand man nach dem alten Börsengesetz drei Kategorien von Börsentermingeschäften: nämlich die vom Bundesrat unbedingt oder bedingt verbotenen Termingeschäfte in bestimmten Waren und Wertpapieren. Diesen Geschäften standen die von den Börsenorganen nicht zugelassenen Termingeschäfte in Waren und Wertpapieren gleich; ferner waren verboten die Börsentermingeschäfte in Anteilen von Bergwerks- und Fabrikunternehmungen; diesen Geschäften stand der Börsenterminhandel in Anteilen anderer Erwerbsgesellschaften gleich, welcher von den Börsenorganen nicht zugelassen war. Die dritte Kategorie endlich bildeten die Börsentermingeschäfte in Getreide und Mühlenfabrikaten: diese Termingeschäfte waren ebenfalls unbedingt verboten. Alle diese verbotenen Termingeschäfte waren nichtig, so daß eine Erfüllbarkeit eigentlich nach § 134 BGB. nicht möglich war. Trotzdem hat die Rechtsprechung schließlich die Erfüllbarkeit grundsätzlich zugestanden. Man hat es versucht, dieser Erfüllbarkeit eine Grenze zu ziehen, die aber ersichtlich kaum auf die Dauer zu halten gewesen wäre. Über dies alles siehe den bish. Exk. zu § 376 Anm. 40. Anm. 192.

Die Novelle unterscheidet gleichfalls drei Kategorien verbotener Börsentermingeschäfte: nämlich: die vom Bundesrat unbedingt oder bedingt verbotenen Termingeschäfte in bestimmten Waren und Wertpapieren (oben Anm. 88). Diesen Termingeschäften stehen diejenigen Geschäfte nicht gleich, welche von den Börsenorganen, d. h. dem Börsenvorstand, nicht zugelassen sind oder nicht nach den vom Börsenvorstand für Börsentermingeschäfte gegebenen Vorschriften abgeschlossen worden sind; diese letzteren Termingeschäfte bilden jetzt den erlaubten freien oder inoffiziellen Terminhandel; dieser Terminhandel ist nicht verboten, sondern er ist nur dem Differenz- und Spieleinwand preisgegeben (oben Anm. 3, 8, 26 ff.). Die Termingeschäfte in Anteilen von Bergwerks- und Fabrikunternehmungen sind nach der Novelle nicht mehr unbedingt verboten, sondern es kann der Bundesrat die Zulassung aussprechen (oben Anm. 88); diesen Geschäften steht der Terminhandel in Anteilen anderer Erwerbsgesellschaften nicht mehr gleich; solche Anteile dürfen zwar auch jetzt noch nur nach den Vorschriften des Börsenvorstandes zum Börsenterminhandel verwendet werden, und es gehört der dagegen verstoßende Terminhandel zum inoffiziellen oder freien Börsenterminhandel, der erlaubt ist (§ 50 Abs. 5 BörsGes.). Es bedarf der Börsenvorstand vor Erteilung der Zulassung der Genehmigung des Bundesrats nicht; der Bundesrat kann jedoch die Zulassung an bestimmte Voraussetzungen knüpfen (§ 50 Abs. 6 BörsGes.). Dieser Vorbehalt hat nur den Zweck, bei allen Börsen gleichheitliche Vorschriften für die Zulassung zu

Erl. zu § 376. Anm. 192. gewährleisten. Unbedingt verboten, wie auch nach altem Recht, bleibt der Terminhandel in Getreide und Mehl (oben Anm. 92). Die Novelle erklärt diese verbotenen Börsentermingeschäfte nicht mehr für nichtig. Sie sind erfüllbar. In der Erfüllbarkeit stellt sie aber Unterschiede auf. Das auf Grund des Geschäfts zu dessen Erfüllung Geleistete kann beim Terminhandel in Anteilen von Bergwerks- oder Fabrikunternehmungen sowie beim Terminhandel in Waren und Wertpapieren, der vom Bundesrat verboten ist oder von bundesrätlich vorgeschriebenen Bedingungen abweicht, überhaupt nicht mehr zurückgefordert werden (§ 64 Abs. 2 BörsGes.; oben Anm. 94). Dagegen ist beim Terminhandel in Getreide und Erzeugnissen der Getreidemüllerei die Rückforderung innerhalb zweier Jahre möglich (§ 66 Abs. 2 BörsGes.; oben Anm. 94). Diese neuen Vorschriften haben nun auch Geltung für die vor dem 1. Juni 1908 abgeschlossenen Geschäfte, wenn der Anspruch aus solchen Geschäften nach dem 31. Mai 1908 rechtshängig geworden ist. Schon nach dem alten Börsengesetz wurden die Aufträge und Vereinigungen zum Abschluß verbotener Termingeschäfte diesen Geschäften gleich behandelt. Denselben Grundsatz wendet die Novelle an (§ 70 BörsGes. oben Anm. 107). Er gilt nun auch für Aufträge und Vereinigungen, die vor dem 1. Juni 1908 zustande gekommen sind, wenn der Anspruch erst nach dem 31. Mai 1908 rechtshängig geworden ist.

Anm. 193. Der Spieleinwand bei den verbotenen Börsentermingeschäften wird von den Übergangsbestimmungen der Novelle nicht berührt; denn diese Übergangsbestimmungen beziehen sich nur auf Vorschriften des Börsengesetzes, die über diesen Spieleinwand aber nichts enthalten (oben Anm. 113).

Anm. 194. γ) Die handelsrechtlichen Lieferungsgeschäfte des § 67 BörsGes. (oben Anm. 115 ff.) sind eine völlig neue Handelsform. Vor dem 1. Juni 1908 gab es eine solche Handelsform nicht. Geschäfte, die an der Berliner Produktenbörse auf Grund des Schlußscheines der Darmstädter Bank vor 1. Juni 1908 abgeschlossen worden sind, stimmen nicht mit der neuen Rechtsform überein; sie sind an sich keine Börsentermingeschäfte (bish. Erl. zu § 376 Anm. 5 u. jetzt RG. in LZ. 08, 947). Sie beurteilen sich daher nach dem Recht zur Zeit des Abschlusses.

Anm. 195. Der Spieleinwand bei dem handelsrechtlichen Lieferungsgeschäft, das Spielcharakter angenommen hat, ist in § 68 BörsGes. besonders geordnet und zwar dahin, daß das Geleistete wie beim verbotenen Termingeschäft in Getreide und Mehl innerhalb zweier Jahre zurückgefordert werden kann (oben Anm. 130; vgl. oben Anm. 113). Rein wörtlich genommen will die Übergangsbestimmung der Novelle alle ihre Vorschriften über den Ausschluß des Rückforderungsrechts, also auch den § 68 BörsGes., anwenden. Allein davon kann keine Rede sein. Denn vor dem 1. Juni 1908 gab es keine handelsrechtlichen Lieferungsgeschäfte im Sinne der Novelle.

Anm. 196. b) **Die Aufrechnung**, die in beiderseitiger Willensübereinstimmung vorgenommen wird, steht der Leistung auf Grund des Vertrages zum Zweck der Erfüllung gleich. Das war schon unter der Herrschaft des alten Rechts anerkannt. Dies war für die erlaubten, aber ungültigen Börsentermingeschäfte alten Rechts bedeutsam, weil sie erfüllbar waren. Insbesondere ergaben sich daraus Eigentümlichkeiten für das Kontokorrent, dessen Saldo anerkannt worden war (bish. Erl. zu § 376 Anm. 16 ff.). Selbst bei den verbotenen Börsentermingeschäften schenkte man in letzter Zeit der beiderseits gewollten Aufrechnung Beachtung (bish. Erl. zu § 376 Anm. 45). Nach der Novelle hat die vertragsmäßige Aufrechnung überhaupt rechtliche Bedeutung, und zwar sowohl bei den erlaubten ungültigen Börsentermingeschäften, ohne Rücksicht darauf, ob nur ein Teil oder keine Partei börsentermingeschäftsfähig war (oben Anm. 51 ff. u. 83), als auch bei den verbotenen Börsentermingeschäften (oben Anm. 98 f.) und bei den handelsrechtlichen Lieferungsgeschäften, wenn sie Spielgeschäfte sind (oben Anm. 130). Bei den sonstigen Differenz- und Spielgeschäften war die vertragsmäßige Aufrechnung, die auf Grund des Geschäfts erfolgte, nach altem Recht eine wirksame Art der Erfüllung (bish. Erl.

zu § 376 Anm. 70). Diesen Charakter hat die vertragsmäßige Aufrechnung auch jetzt noch Erl. zu behalten (oben Anm. 166f.). § 376.

Von dieser vertragsmäßigen Aufrechnung handeln die Übergangsbestimmungen nicht; sie Anm. 196. beschränken sich auf Regelung einer besonderen Art der einseitigen Aufrechnung.

Die einseitig erklärte Aufrechnung bei Termingeschäften war nach dem alten Anm. 197. Börsengesetz vollkommen wirkungslos, und machte es keinen Unterschied, ob ein ungültiges erlaubtes oder ein verbotenes Börsentermingeschäft (bish. Erl. zu § 376 Anm. 17 u. 45) in Frage stand. — Die Novelle hat diesen Zustand geändert; sie kennt eine wirksame einseitige Aufrechnung, die jedoch ausschließlich auf erlaubte ungültige Börsentermingeschäfte beschränkt ist. Ist nämlich beim erlaubten Börsentermingeschäft (hierüber oben Anm. 2 u. 7ff.) nur ein Teil oder kein Teil börsentermingeschäftsfähig (hierüber oben Anm. 17ff.), so ist das Geschäft als Börsentermingeschäft unverbindlich (oben Anm. 32ff. u. 83). Wer also einen Gewinn erzielt hat, vermöchte an sich in einem solchen Falle diesen Gewinnanspruch nicht zur Aufrechnung zu bringen, wenn er auch mit demselben Kontrahenten ein gültiges Börsentermingeschäft gemacht hätte und nun aus diesem Geschäft für einen Verlust in Anspruch genommen würde. In einem solchen Falle läßt § 56 BörsGes. (vgl. mit § 53 BörsGes.) eine einseitige Aufrechnung zu. Der Aufrechnende kann ohne Rücksicht auf die Zustimmung des Gegners gegen dessen Gewinn seinen Gewinn aus dem andern erlaubten, aber ungültigen Börsentermingeschäft zur Aufrechnung bringen (oben Anm. 51ff. u. 83). Diesen Grundsatz läßt die Novelle auch auf alte Geschäfte, die vor 1. Juni 1908 abgeschlossen sind, Anwendung finden. Diese rückwirkende Anwendung kann jedoch nur eine entsprechende sein; denn nach dem alten Börsengesetz machte der Registereinwand das Termingeschäft unverbindlich; jetzt kommt es auf die Börsentermingeschäftsfähigkeit an. Man muß daher die Eintragung in das Börsenregister der Börsentermingeschäftsfähigkeit gleichsetzen. Wer also aus einem vor 1. Juni 1908 abgeschlossenen Geschäft sich den Registereinwand entgegenhalten lassen muß, oder einen unklagbaren Anspruch aus einem nach dem 31. Mai 1908 abgeschlossenen erlaubten ungültigen Börsentermingeschäft hat, kann doch die ihm aus einem solchen Geschäft entstandenen Ansprüche gegen Forderungen zur Aufrechnung stellen, die gegen ihn aus gültigen (erlaubten) Börsentermingeschäften erhoben werden — mögen diese letzteren Geschäfte vor dem 1. Juni 1908 oder nach dem 31. Mai 1908 abgeschlossen worden sein. Darüber, inwieweit Personenidentität zu fordern ist, siehe oben Anm. 53. Diese Art der einseitigen Aufrechnung ist aber nicht auf den soeben erwähnten Fall beschränkt, daß einem oder beiden Teilen die Börsentermingeschäftsfähigkeit fehlt. Wenn nämlich der Bankier seinem (nicht börsentermingeschäftsfähigen) Privatkunden in den in § 54 BörsGes. vorgeschriebenen Formen Sicherheit bestellt hat, so wird das Geschäft für den Bankier in vollem Umfang verbindlich, der Privatkunde dagegen haftet nur mit der Sicherheit. Der Bankier könnte danach seinen nicht durch die Sicherheit gedeckten überschüssigen Gewinn nicht durch Aufrechnung beibringen, wenn ihm nicht §§ 56 u. 54 BörsGes. das Aufrechnungsrecht gegen Forderungen seines Kunden, die dieser aus andern gültigen Börsentermingeschäften geltend macht, zusprechen würden (oben Anm. 51). Auch dieser Vorschrift ist rückwirkende Kraft beigelegt; jedoch muß die Einschränkung hinzugefügt werden, daß diese Aufrechnung des Gewinnausfalles des Bankiers nur dann stattfindet, wenn die Sicherheit entsprechend dem § 54 BörsGes., d. h. also nach dessen Inkrafttreten, also nach dem 31. Mai 1908, geleistet worden ist. Diese Einschränkung der Rückwirkung ergibt sich übrigens auch unmittelbar aus den Übergangsvorschriften (hierüber unten Anm. 202). In allen diesen Fällen ist es einerlei, ob das Geschäft ein offizielles oder ein nicht offizielles war.

Die einseitig erklärte Aufrechnung bei Differenz- und Spielgeschäften Anm. 198. war nach altem Recht unmöglich, weil das Börsengesetz nichts bestimmte und daher lediglich die §§ 762, 764 BGB. zur Anwendung kamen (bish. Erl. zu § 376 Anm. 70). Für die erlaubten offiziellen Börsentermingeschäfte und nur für diese macht jedoch § 58 der Novelle eine Ausnahme. Ist das Börsentermingeschäft ein erlaubtes (hierüber oben Anm. 2 u. 7ff.) und außerdem ein offizielles (hierüber oben Anm. 3, 6—8 u. 26f.) und ist das Börsentermingeschäft

Erl. zu § 376.

Anm. 198. als solches deshalb ungültig, weil nur einem Teil oder keinem Teil die Börsentermingeschäftsfähigkeit zukommt (oben Anm. 32 u. 83), so findet zwar der Differenz- und Spieleinwand statt, jedoch kann die Forderung aus diesem Spielgeschäft gegen den Spielschuldner, wenn der Spielschuldner aus einem gültigen Börsentermingeschäft als Gläubiger auftreten könnte, gegen dessen Willen zur Aufrechnung verwendet werden (§ 58 Satz 2 BörsGes.; oben Anm. 80 u. 84). Dieser Grundsatz gilt durch die Übergangsvorschrift auch für die vor dem 1. Juni 1908 abgeschlossenen Geschäfte. Wenn also ein Börsentermingeschäft vorliegt, das vor dem 1. Juni 1908 abgeschlossen ist und durch den Registereinwand als Börsentermingeschäft zu Fall kommt, auch sich als Differenz- oder Spielgeschäft ausweist, so kann eine aus diesem Spielgeschäft entstandene Spielforderung doch zur Aufrechnung gegen Forderungen verwendet werden, welche der Spielschuldner aus einem gültigen Börsentermingeschäft erlangt hat — mag das letztere Geschäft vor dem 1. Juni 1908 oder nach dem 31. Mai 1908 abgeschlossen sein. Diese Aufrechnung kommt aber nur demjenigen Spielgeschäft zugute, welches nach den vom Börsenvorstand gegebenen Vorschriften für Termingeschäfte abgeschlossen worden ist, d. h. welches, wenn es nach dem 31. Mai 1908 abgeschlossen worden wäre, die Bezeichnung als offizielles Börsentermingeschäft verdienen würde. Dasselbe muß gelten, wenn das Spielgeschäft in der Tat nach dem 31. Mai 1908 abgeschlossen wurde, den Erfordernissen eines offiziellen Börsentermingeschäfts äußerlich entspricht, aber als Börsentermingeschäft nicht aufrechtzuerhalten ist, weil es an der Börsentermingeschäftsfähigkeit fehlte. Auch der Gewinn aus einem solchen Differenz- oder Spielgeschäft ist zur Aufrechnung gegen Forderungen aus Börsentermingeschäften geeignet, die unter der Herrschaft des alten Börsengesetzes gültig abgeschlossen worden waren.

Diese Grundsätze erleiden jedoch eine Einschränkung. Die Übergangsvorschrift der Novelle verleiht nämlich auch den Bestimmungen der Novelle Rückwirkung, wonach der Bankier, dem von seinem Privatkunden Sicherheit nach § 54 BörsGes. gestellt worden ist, sich an diese Sicherheit halten kann, und nur den nicht gedeckten Überschuß zur Aufrechnung bringen darf. Diese durch § 56 BörsGes. in Verbindung mit § 54 BörsGes. für das Termingeschäft gegebene Vorschrift ist durch § 58 Satz 2 BörsGes. auf das Differenz- und Spielgeschäft übertragen, und zwar mit der in Satz 1 des § 58 BörsGes. ausgesprochenen Maßgabe, daß der Bankier den Spieleinwand nicht erheben darf, weil das Geschäft für ihn voll verbindlich ist (oben Anm. 51). Die Übergangsbestimmung der Novelle fügt aber, indem sie diesen Sätzen rückwirkende Kraft verleiht, hinzu, daß die Sicherheit nach dem 31. Mai 1908 bestellt sein muß. Nur in diesem Falle gilt also § 54 BörsGes. für alle Geschäfte. Hieraus folgt, daß der Bankier in der Aufrechnung seiner Differenz- und Spielforderungen gegen vor dem 1. Juni 1908 entstandene klagbare Börsenterminforderungen seines Privatkunden nur dann beschränkt ist, wenn das Differenz- oder Spielgeschäft ein Geschäft in Wertpapieren war und die Sicherheit nach dem 31. Mai 1908 gestellt worden ist. Andernfalls kann er seine Differenz- oder Spielforderung unbeschränkt zur Aufrechnung bringen.

Anm. 199. Auf die Erteilung und die Übernahme von Aufträgen zum Abschluß offizieller erlaubter Börsentermingeschäfte sowie auf die Vereinigung zum Zweck des Abschlusses solcher Geschäfte finden nach § 60 BörsGes. dieselben Grundsätze Anwendung, die für das Geschäft selbst gelten. Daher gilt das in Anm. 198 Ausgeführte auch für solche Geschäfte, wenn sie Spielgeschäfte sind.

Anm. 200. Für den Fall, daß das Differenz- oder Spielgeschäft nicht nach den Vorschriften des Börsenvorstands für Börsentermingeschäfte geschlossen worden ist, also inoffiziellen Börsentermincharakter hatte, und als Börsentermingeschäft nach dem 31. Mai 1908 wegen fehlender Börsentermingeschäftsfähigkeit oder vor dem 1. Juni 1908 wegen Durchgreifens des Registereinwandes nicht zu halten ist, bestimmen die Übergangsvorschriften der Novelle nichts. Anders würde die Lage allerdings zu beurteilen sein, wenn nach der oben Anm. 29 bekämpften Ansicht § 58 BörsGes. auch für die inoffiziellen Börsentermingeschäfte Bedeutung hätte. Nach der hier vertretenen Ansicht ist gegen die inoffiziellen Börsentermingeschäfte — und dazu gehören alle an ausländischen Börsen geschlossenen Termingeschäfte; oben Anm. 178 — der

Differenz- und Spieleinwand vor dem 1. Juni 1908 wie nach dem 31. Mai 1908 unbeschränkt zulässig und allein nach den §§ 762, 764 BGB. zu beurteilen (oben Anm. 82 f.; vgl. auch oben Anm. 72 a. E. u. 178 f.). Die an ausländischen Börsen geschlossenen Termingeschäfte sind also vor wie nach Inkrafttreten der Novelle Differenz- oder Spielgeschäfte; es gilt das von ihnen in Anm. 178 f. Gesagte. **Erl. zu § 376.** Anm. 200.

Über Gesellschaftsverträge zum Zweck des Abschlusses von Differenz- oder Spielgeschäften sowie für Aufträge zum Abschlusse solcher Geschäfte gilt das oben Anm. 180 u. 181 Ausgeführte — mag das Geschäft vor oder nach Inkrafttreten der Novelle abgeschlossen sein. Denn die Börsengesetznovelle beläßt es beim bürgerlichen Recht. Anm. 201.

c) **Sicherheitsbestellungen bei Börsentermingeschäften** waren nach dem alten Börsengesetz wirkungslos, sobald der Registereinwand Erfolg hatte (bish. Erl. zu § 376 Anm. 13). Die Novelle beläßt es im allgemeinen bei diesem Grundsatz, falls das Börsentermingeschäft als solches deshalb ungültig ist, weil beiden Teilen oder einem Teil die Börsentermingeschäftsfähigkeit fehlt (oben Anm. 32 u. 83). Von dieser Regel macht § 54 BörsGes. für das erlaubte Börsentermingeschäft in Wertpapieren eine Ausnahme. Stellt nämlich der Privatkunde dem Bankier in bestimmter Art und Weise Sicherheit, so ist der Bankier in vollem Umfang, auch über den Betrag der Sicherheit hinaus gebunden, der Privatkunde haftet dagegen nur mit der Sicherheit (oben Anm. 33 ff.). Der Bankier muß sich an diese Sicherheit halten, ehe er nach § 56 BörsGes. aufrechnet. Diese Ausnahmevorschrift des § 54 der Novelle läßt die Übergangsbestimmung auch auf solche erlaubte Börsentermingeschäfte Anwendung finden, die vor dem 1. Juni 1908 abgeschlossen worden sind. Dies jedoch nur dann, wenn die Sicherheit in den Formen des § 54 BörsGes. nach dem 31. Mai 1908 gestellt worden ist. Der Zeitpunkt der Sicherheitsbestellung ist also der Beurteilung zugrunde zu legen. Die Sicherheit ist bestellt in dem Augenblick des Zusammentreffens der Übergabe der Pfandgegenstände und des Zugehens der schriftlichen Verpfändungserklärung (oben Anm. 41). Wenn also einem vor dem 1. Juni 1908 abgeschlossenen erlaubten Börsentermingeschäft der Registereinwand entgegensteht, so wird das Geschäft doch in den Grenzen des § 54 BörsGes. wirksam, wenn der Teil, dem Sicherheit bestellt wird, im Augenblick des vor dem 1. Juni 1908 erfolgten Geschäftsabschlusses eingetragener oder der Eintragung nicht bedürftiger Kaufmann oder eine Genossenschaft war (über letzteres Erfordernis s. oben Anm. 33 u. 35). Im Augenblick des Geschäftsabschlusses muß also diese Vereigenschaftung vorhanden sein (oben Anm. 33). Es wirkt somit der neue Begriff der Geschäftsfähigkeit, wie er in § 54 der Novelle neu geschaffen ist, auf die Zeit vor Inkrafttreten der Novelle zurück. Dieses Ergebnis ist nicht unbillig, weil es im Belieben des Privatkunden steht, ob er Sicherheit nach Maßgabe des § 54 BörsGes. stellen will, und seit dem 1. Juni 1908 jedermann weiß, welche Bewandtnis es mit einer nach dem 31. Mai 1908 bestellten Sicherheit hat. — Mit der soeben besprochenen Sicherheitsleistung hängt die in § 56 BörsGes. zugelassene Aufrechnung zusammen, deren sich der Bankier gegenüber seinem Privatkunden für den durch die Sicherheit nicht gedeckten Teil seiner unklagbaren Terminforderung bedienen kann (hierüber oben Anm. 197). Anm. 202.

Alles dies gilt auch für die Erteilung und die Übernahme von Aufträgen sowie für die Vereinigung zum Zweck des Abschlusses von erlaubten Börsentermingeschäften. Denn nach § 60 BörsGes. findet § 54 BörsGes. auch auf diese Verhältnisse Anwendung und die Übergangsbestimmung verleiht allen Vorschriften über die Wirkungen einer Sicherheitsleistung rückwirkende Kraft. Anm. 203.

Sicherheitsbestellungen bei Differenz- und Spielgeschäften waren nach altem Recht wirkungslos (bish. Erl. zu § 376 Anm. 66). Die Novelle hat an dieser Regel nur für den einen Fall in § 58 BörsGes. eine Änderung getroffen, daß ein offizielles erlaubtes, aber ungültiges Börsentermingeschäft vorliegt. Ist das Börsentermingeschäft nämlich ein erlaubtes (oben Anm. 2 u. 7 ff.) und außerdem ein offizielles (oben Anm. 3, 6—8 u. 26 f.), und fehlt es einem Kontrahenten oder beiden an der Börsentermingeschäftsfähigkeit (oben Anm. 32 u. 83), so ist das Börsentermingeschäft als solches ungültig, also dem Differenz- und Spiel- Anm. 204.

Erl. zu § 376. Anm. 204. einwand ausgesetzt; aber dem Bankier, dem nach § 54 BörsGes. in den dort vorgeschriebenen Formen von einem Privatkunden Sicherheit geleistet worden ist, ist der Differenz- und Spieleinwand durch Satz 1 des § 58 BörsGes. überhaupt abgeschnitten (oben Anm. 79 u. 84). Der Privatkunde kann den Differenz- und Spieleinwand zwar erheben; er muß sich aber nach Satz 2 des § 58 BörsGes. trotzdem gefallen lassen, daß der Bankier sich aus der Sicherheit befriedige (oben Anm. 79). Diesen beiden Sätzen ist rückwirkende Kraft zugesprochen, jedoch unter der Voraussetzung, daß die Sicherheit nach Maßgabe des § 54 BörsGes. nach dem 31. Mai 1908 gestellt worden ist. Das vor dem 1. Juni 1908 abgeschlossene Differenz- oder Spielgeschäft wird also nachträglich für den Bankier ein vollgültiges Geschäft und für seinen Privatkunden bis zur Höhe der Sicherheit verbindlich, so daß der Kunde nur mit der Sicherheit haftet, wenn das Geschäft, falls es nach dem 31. Mai 1908 abgeschlossen worden wäre, ein erlaubtes, aber wegen Mangels der Börsentermingeschäftsfähigkeit ungültiges Börsentermingeschäft wäre. Außerdem muß das Differenz- oder Spielgeschäft aber auch noch nach den Vorschriften des Börsenvorstands für Börsentermingeschäfte abgeschlossen worden, d. h. als ein offizielles Börsentermingeschäft anzusprechen sein. Damit wird auch dem Begriff des offiziellen Börsentermingeschäfts (oben Anm. 3, 6—8 u. 26 f.) rückwirkende Bedeutung gegeben. Mit der Rückwirkung der Sicherheitsbestellung hängt auch die in § 56 BörsGes. zugelassene Aufrechnung zusammen, deren sich der Bankier gegenüber seinem Privatkunden für den durch die Sicherheit nicht gedeckten Teil seiner Spielforderung bedienen kann; denn auch dieser Bestimmung ist rückwirkende Kraft verliehen (oben Anm. 198).

Anm. 205. Auf die Erteilung und die Übernahme von Aufträgen zum Abschluß von Differenz- oder Spielgeschäften sowie auf die Vereinigung zum Zweck des Abschlusses solcher Geschäfte finden nach §§ 58, 60 BörsGes. dieselben Vorschriften Anwendung, die für das Geschäft selbst gelten. Daher gilt das oben Anm. 204 Ausgeführte auch für solche Verhältnisse — jedoch nur, was hier wiederholt werden mag, wenn das Geschäft als erlaubtes offizielles Börsentermingeschäft nach den Grundsätzen der Novelle anzusehen wäre.

Anm. 206. Ist das Differenz- oder Spielgeschäft ein erlaubtes inoffizielles Börsentermingeschäft, wenn man an das vor dem 1. Juni 1908 abgeschlossene Differenz- oder Spielgeschäft die Begriffsbestimmung der am 1. Juni 1908 in Kraft getretenen Novelle anlegt, so ist eine Sicherheitsleistung völlig bedeutungslos — mag sie nach dem 31. Mai 1908 oder vor dem 1. Juni 1908 geleistet worden sein; sie kann immer zurückgefordert werden; denn § 58 BörsGes. gilt nicht für inoffizielle Börsentermingeschäfte (oben Anm. 79). Das in den Anm. 204 u. 205 Ausgeführte findet hier keine Anwendung. Die Novelle gibt für Differenz- und Spielgeschäfte, die zugleich als inoffizielle Börsentermingeschäfte sich charakterisieren, keine Vorschriften (oben Anm. 27a—29, 82, 84) und auch keine Übergangsbestimmungen. Zu den inoffiziellen erlaubten Börsentermingeschäften gehören vor allem die ausländischen Börsentermingeschäfte (oben Anm. 72, 109 u. 178). Diese Geschäfte sind daher wie bereits vor Inkrafttreten der Novelle so auch jetzt noch dem Differenz- und Spieleinwand völlig nach Maßgabe der §§ 762, 764 BGB. preisgegeben (oben Anm. 178).

Anm. 207. d) **Die Erfüllungsannahme** bei Börsentermingeschäften, oder, wie sich die Übergangsbestimmung der Novelle im Einklang mit § 57 BörsGes. (der in der Übergangsbestimmung erwähnte § 55 ist der jetzige § 57 BörsGes.) ausdrückt, die Folgen der Bewirkung der vereinbarten Leistung sollen ihre heilende Wirkung auch auf solche Börsentermingeschäfte erstrecken, welche vor dem 1. Juni 1908 abgeschlossen sind — jedoch nur dann, wenn die Erfüllungsannahme nach dem 31. Mai 1908 dem Gegner erklärt worden ist. Diese Art der Heilung war dem alten Recht völlig unbekannt. Nach der Novelle gilt sie nur für erlaubte Börsentermingeschäfte, nicht aber für verbotene Börsentermingeschäfte und äußert ihre Wirkungen, einerlei, ob keine Partei oder nur eine Partei die Börsentermingeschäftsfähigkeit besitzt (oben Anm. 45 u. 83). Ob das Termingeschäft ein offizielles oder ein inoffizielles war, macht keinen Unterschied. Die Bedeutung der Übergangsbestimmung besteht also darin, daß Börsen-

termingeschäfte, welche durch den Registereinwand vor dem 1. Juni 1908 zu Falle kommen, Erl. zu
durch Erfüllungsannahme, die nach dem 31. Mai 1908 erfolgt sein muß, nachträglich volle § 376.
Rechtsgültigkeit erlangen. — Da nach § 60 BörsGes. die Aufträge zum Abschluß von Börsen- Anm. 207.
termingeschäften und Vereinigungen zum Abschluß solcher Geschäfte geradeso behandelt werden, wie die Geschäfte selbst, so greift auch auf solche Verhältnisse die rückwirkende Kraft der Erfüllungsannahme Platz, wenn sie nach dem 31. Mai 1908 erfolgt ist (vgl. oben Anm. 68 u. 83). Nach § 61 BörsGes. gilt dasselbe für die im Ausland abgeschlossenen Börsentermingeschäfte (hierüber oben Anm. 72 u. 83).

Die Erfüllungsannahme bei Differenz- oder Spielgeschäften hat nur Be- Anm. 208.
deutung, wenn das Spielgeschäft zugleich ein erlaubtes offizielles Börsentermingeschäft ist, dasselbe aber, weil beiden Teilen oder einem Kontrahenten die Börsentermingeschäftsfähigkeit abgeht, als Börsentermingeschäft nicht aufrechterhalten werden kann. Durch nachträgliche Erfüllungsannahme wird das Geschäft als Börsentermingeschäft vollgültig wirksam. Der Differenz- und Spieleinwand wird dadurch abgeschnitten (§§ 58 Satz 1, 57 BörsGes.; oben Anm. 80 u. 83). Diesem Grundsatz wird rückwirkende Kraft zugestanden. Dies bedeutet: unterliegt ein vor dem 1. Juni 1908 abgeschlossenes Börsentermingeschäft dem Registereinwand und infolgedessen auch dem Differenz- oder Spieleinwand, so wird der Differenz- und Spieleinwand dadurch abgeschnitten, daß nach dem 31. Mai 1908 eine Erfüllungsannahme im Sinne des § 57 BörsGes. stattfindet. — Da die Aufträge zum Abschluß von Differenz- und Spielgeschäften und die Vereinigungen zum Abschluß solcher Geschäfte ebenso behandelt werden, wie diese Geschäfte selbst (§§ 60, 58 Satz 1 BörsGes.), so wirkt auch hier die Erfüllungsannahme, die nach dem 31. Mai 1908 stattgefunden hat, auf solche Verhältnisse zurück, die vor dem 1. Juni 1908 begründet worden sind und sonst dem Registereinwand und dem Spieleinwand ausgesetzt bleiben würden. Alles dies gilt jedoch nur, wenn das vor dem 1. Juni 1908 abgeschlossene Geschäft nach den vom Börsenvorstand aufgestellten Bestimmungen zustande gekommen ist, d. h. wenn das Geschäft nach der Begriffsbestimmung der Novelle als ein erlaubtes offizielles Börsentermingeschäft anzusprechen wäre (über diesen Begriff oben Anm. 3, 6—8 u. 26 f.).

Ist das Differenz- oder Spielgeschäft ein erlaubtes inoffizielles Börsentermingeschäft, Anm. 209.
— und das trifft für die ausländischen Börsentermingeschäfte vornehmlich zu; oben Anm. 72, 109 u. 178 —, das wegen Fehlens der Börsentermingeschäftsfähigkeit als Börsentermingeschäft nicht aufrecht zu erhalten ist, so findet der Differenz- und Spieleinwand ebenso nach dem 31. Mai 1908 wie vor dem 1. Juni 1908 statt. Eine Erfüllungsannahme hat als solche keine Bedeutung. Es gilt hier das oben Anm. 206 Ausgeführte.

Sachregister.

(Die Ziffern verweisen auf den neuen Exkurs zu § 376.)

A.

B.

D.

M.

N.

O.

P.

R.

S.

T.

U.

V.

W.

Z.

Herrosé & Ziemsen, G. m. b. H., Wittenberg.

FSC
www.fsc.org
MIX
Papier | Fördert
gute Waldnutzung
FSC® C083411

Kolibri 360 GmbH
Ferdinand-Jühlke-Straße 7
99095 Erfurt, Deutschland
produktsicherheit@kolibri360.de